Cornelia Dietrich/Degener MoreOFFICE® (Hrsg.)

Rhetorik

Die Kunst zu überzeugen und sich durchzusetzen

POCKET BUSINESS

Cornelsen

Die Autorin

Cornelia Dietrich ist am Institut für Psycholinguistik der Universität München beschäftigt und als freie Trainerin bei Degener MoreOFFICE in Planegg tätig.

Der 1. Druck dieses Werkes ist erschienen bei:
Cornelsen Verlag GmbH & Co. OHG, Berlin

Verlagsredaktion: Annette Preuß
Grafik und technische Umsetzung: Holger Stoldt, Düsseldorf
Umschlaggestaltung: Katrin Nehm
Titelfoto: © Michael Cogliantry/Imagebank

2. Auflage

Druck: Druckhaus Berlin-Mitte

ISBN-13: 978-3-589-21904-9

ISBN-10: 3-589-21904-1

Gedruckt auf säurefreiem Papier, umweltschonend hergestellt aus chlorfrei gebleichten Faserstoffen.

Vorwort

Ein Lehrbuch über Rhetorik stellt für den Autor eine besondere Herausforderung dar: Einerseits ist die Rhetorik eine Geisteswissenschaft, die selbstverständlich von unterschiedlichen Ansichten zu einem Thema geprägt ist, andererseits erwartet der Anwender eindeutige Handlungshinweise für sein sprachliches Verhalten.

Im vorliegendem Buch über angewandte Rhetorik möchte ich diesem Widerspruch mit meiner eigenen Erfahrung begegnen: Ich habe die Ergebnisse wissenschaftlicher Arbeit mit den Erfahrungen als Trainerin für Kommunikation und Rhetorik verknüpft. Dabei konnte ich auf Arbeiten von Prof. Gerd Kegel und Dr. Gerhard Schmid vom Institut für Psycholinguistik an der Universität München zurückgreifen. Ihnen gilt mein besonderer Dank.

Wissenschaftliche Vorgehensweise bedeutet, Untersuchungsergebnisse immer kritisch zu hinterfragen. Deshalb vertrete ich in diesem Buch eine differenzierte Sicht auf sprachliche Verhaltensweisen und bemühe mich, Pauschalisierungen zu vermeiden.

Auch dem Leser empfehle ich, die im Buch beschriebenen rhetorischen Techniken nicht einfach kritiklos zu übernehmen, sondern zuerst zu überdenken, ob eine Technik für ihn selbst, den Gesprächspartner und die jeweilige Kommunikationssituation tatsächlich geeignet ist. Findet der Anwender auf diese Weise zu einer vertieften Auseinandersetzung mit der Rhetorik, ist der erste Schritt zur Verhaltensänderung getan!

München, im Februar 2005 — Cornelia Dietrich

Inhaltsverzeichnis

Einführung

Die rhetorischen Prozesse

Unser beruflicher und privater Alltag ist gekennzeichnet von einer Vielzahl von Kommunikationssituationen. Ständig sind wir mit Kollegen, Vorgesetzten, Kunden, Mitarbeitern, Freunden oder Familienmitgliedern im Gespräch. Da liegt es nahe, dass der Erfolg und das Ansehen einer Person unweigerlich mit ihren kommunikativen Fähigkeiten in Verbindung gebracht wird. Nicht umsonst wird z.B. in Bewerbungsgesprächen den sog. Soft Skills, also dem sozialen Verhaltensschema einer Person, eine so große Bedeutung beigemessen.

Das Bewusstsein darüber, dass effektive Kommunikation ein notwendiger Bestandteil des zivilisierten Zusammenlebens ist, besteht seit über 2000 Jahren. Mit der Einführung der Demokratie im vorchristlichen Griechenland wurde der ständige Gedankenaustausch über politische und philosophische Themen zum Mittelpunkt des gesamten Systems. Deshalb war der Bedarf an guten Rednern sehr groß und es entwickelte sich ein Lehrbetrieb für die Schulung von Rednern. Kernstück war die Rhetorik. Sie wurde im ersten Jahrhundert von Quintilian, einem römischen Rhetoriklehrer, als „ars bene dicendi“, also die Kunst, gut zu reden, definiert.
Vergleicht man den Anspruch der heutigen Kommunikationsseminare mit den Theorien der antiken Rhetorik, so tut sich jedoch eine große Kluft auf: In aktuellen Weiterbildungsangeboten werden vor allem Themen behandelt, die sich ausschließlich auf die Präsentation des Gesagten beziehen: Gliederung, Wortwahl, Satzlänge, Sachlichkeit, Glaubwürdigkeit, Aufmerksamkeitssteigerung etc.
Die klassische Rhetorik hingegen versteht sich umfassender. Neben der rein sprachlich-stilistischen Komponente macht sie die Erkenntnis, d.h. die Suche nach der Wahrheit, zu ihrem Thema. Die Rhetorik möchte mittels sprachlicher Analyse für

eine strittige Frage die richtige Antwort finden. Es geht also nicht nur darum, aus der Kommunikation als der Gewinner hervorzugehen, sondern auch darum, einem ethisch-moralischen Anspruch gerecht zu werden, indem man sich der Wahrheitssuche verpflichtet.

Die „gute Rede“ kann also konkretisiert werden als die Kunst, einerseits wirkungsvoll und ästhetisch anspruchsvoll, andererseits moralisch integer zu kommunizieren.

An dieser Stelle könnte man einwenden, dass ein solcher Idealismus in einer Zeit der schnellen Bilder und kurzen Statements fehl am Platz ist. Viele politische Auseinandersetzungen zeigen uns, dass häufig nicht die eingehende Analyse eines Problems, sondern die momentane Wirkung des Redners Basis für die Meinungsbildung beim Zuhörer ist.

Auf diese Entwicklung haben sich viele Rhetorikschulungen eingestellt. Sie konzentrieren sich auf den Augenblick der Kommunikation und möchten uns Techniken an die Hand geben, diese Situation gut zu meistern, uns gut zu verkaufen und unsere Meinung durchzubringen.

Dabei ist häufig nicht berücksichtigt, dass der Kontakt zum Gesprächspartner in den meisten Fällen auch nach diesem Gespräch weiterbesteht. Möglicherweise bemerkt dieser erst im Nachhinein, mit welchem rednerischen Geschick er zu Dingen überredet wurde, die er eigentlich gar nicht will. Wer von uns kennt nicht den Moment, wo uns erst nach einem Gespräch einfällt, was wir hätten sagen können! Zu diesem späteren Zeitpunkt wird unsere Meinung über den vormals so überzeugenden Redner schlecht ausfallen.

Deshalb ist eine Rhetorik, die sich neben der schönen auch der verantwortungsvollen Rede verpflichtet, nicht primär idealistisch, sondern dient vor allem dem Aufbau einer Persönlichkeit, die bei den Mitmenschen geschätzt und angesehen ist.

Wir wirken niemals nur mit dem, was wir sagen, sondern immer auch mit dem, was wir sind!

Der Blick auf die Rhetorik ist deshalb in diesem Buch von zwei Anliegen geprägt:

- Einerseits soll ein Wissen vermittelt werden, das es ermöglicht, Kommunikationssituationen so zu gestalten, dass sie im Sinne des Sprechers effektiv und erfolgreich sind. Es geht hier um die Frage, wie die eigene Wirkung optimiert und in welcher Form Inhalte überzeugend dargestellt werden können.
- Andererseits kann das rhetorische Wissen als Werkzeug zur Analyse genutzt werden. Es soll helfen, Gesprächsthemen, Gesprächssituationen, Gesprächspartner und natürlich sich selbst besser zu verstehen. Viele Menschen haben schon erlebt, dass ihnen erst in dem Moment, in dem sie über Dinge reden, bewusst wird, wie ihre Einstellung zu einem Thema ist oder wo die Ursache eines Problems liegt. Diese erkenntnisfördernde Macht der Sprache kann durch die Rhetorik gelenkt und nutzbar gemacht werden. So beginnt verantwortungsvolles Kommunikationsverhalten.

Die Sichtung der Literatur zum Thema Rhetorik macht die Vielfalt des Lernbereichs deutlich. Eine mögliche Einteilung ist die in monologe und dialoge Kommunikationssituationen. Es werden Techniken vermittelt, die entweder für den Fall, dass einer vor vielen oder für den Fall, dass zwei oder mehrere miteinander reden, greifen. Beide Bereiche können noch weiter unterteilt werden.

So unterscheidet sich die Festrede von der Präsentation oder dem Referat; in einer Teambesprechung gelten andere Regeln als im Bewerbungsgespräch.

Ein Lehrbuch über Rhetorik muss also eine Einteilung finden, die den Ansprüchen verschiedenster Rahmenbedingungen gerecht wird. Das vorliegende Buch bietet eine Einteilung in rhetorische Prozesse an.

Diese rhetorischen Prozesse subsumieren die wichtigsten psychologischen Vorgänge in der sprachlichen Interaktion. Vieles davon läuft unbewusst ab. Beim Naturtalent wahrscheinlich erfolgreicher als beim Redemuffel. Für beide gilt jedoch: Rhetorik ist es erst dann, wenn diese Prozesse bewusst sind bzw. kontrolliert werden.

Am Anfang stehen die Prozesse Reflektieren und Konzentrieren. Sie finden meist vor der eigentlichen Kommunikation statt und bezeichnen die bewusste Auseinandersetzung sowohl mit der eigenen Wirkung als auch mit der Persönlichkeit des Gesprächspartners/Zuhörers.

Im Prozess Informieren wird ausschließlich der Sachinhalt einer Äußerung betrachtet. Es soll die Frage beantwortet werden, welche Informationsstrukturen möglich und für welche Situationen sinnvoll sind. Das Ziel ist dabei immer, dass das Gesagte nicht nur gehört, sondern auch verstanden wird und nach Möglichkeit im Gedächtnis bleibt.

Die Prozesse Überzeugen und Lenken gehen über die reine Information hinaus. Das Anliegen des Sprechers ist nun, nicht nur den Sachinhalt verständlich, sondern seine Meinung nachvollziehbar und zustimmungswürdig darzustellen. Die Steigerung ist letztlich, dass der Gesprächspartner nicht nur übereinstimmt, sondern sich auch entsprechend verhält.

Leider sind jedoch nicht alle Gesprächspartner an einer fairen Auseinandersetzung interessiert. Wenn es darum geht, in erster Linie der Überlegene in der Kommunikation zu sein, werden häufig – bewusst oder unbewusst – unredliche Techniken eingesetzt. Deshalb ist auch das Durchsetzen ein wichtiger rhetorischer Prozess. Er soll rhetorisches Verhalten in schwierigen Kommunikationssituationen beschreiben.

1 Erster Prozess: Reflektieren

Wie der Sprecher seine eigene Wirkung beeinflussen kann

Erfolgreiche und zufriedene Menschen zeichnen sich häufig dadurch aus, dass sie ihr Können und ihre Wirkung sehr realistisch einschätzen. Sie kommen deshalb selten in die Verlegenheit, aufgrund unerwarteter Reaktionen der Gesprächspartner verunsichert zu werden. Die gewonnene Selbstsicherheit wiederum wirkt sich positiv auf das gesamte Kommunikationsverhalten aus.
Voraussetzung für die Reflexion der eigenen Wirkung ist das Wissen um die Aspekte, die die Ausstrahlung eines Menschen ausmachen. Solche Aspekte werden in diesem Kapitel als Ausdrucksebenen des Menschen bezeichnet und erläutert.

1.1 Wie wirkt der Mensch?

Die Kommunikation zwischen Menschen ist immer von ihrer Einstellung zueinander bestimmt.

Solche Einstellungen sind beispielsweise durch Eigenschaftszuordnungen wie vertrauenswürdig, glaubwürdig, engagiert, unsicher, überheblich, autoritär, angenehm, unsympathisch etc. gekennzeichnet. Sie entstehen zu Beginn einer Begegnung und werden im Verlauf der Kommunikation nur noch leicht modifiziert.
Ergebnisse der kommunikationspsychologischen Forschung zeigen, dass diese Eigenschaftszuordnungen, also die Ausstrahlung einer Person, nur zu etwa 7 % davon bestimmt werden, was jemand sagt. Entscheidender sind hier die Nebeninformationen, die vom Zuhörer meist unbewusst aufgenommen und verarbeitet werden. Diese zusätzlichen Informa-

tionen liegen in dem, wie jemand etwas sagt (38%) und mit welchen optischen Eindrücken (55%) er das Gesagte verbindet. Aufgrund dieser Forschungsergebnisse wurde das kommunikative Verhalten eines Menschen in drei Bereiche eingeteilt:

- Der verbale Ausdruck bezeichnet Informationen inhaltlicher Art, also das, was tatsächlich gesagt wurde.
- Der paraverbale Ausdruck umfasst sämtliche stimmlichen oder artikulatorischen Aspekte, also die Art und Weise, wie etwas ausgesprochen bzw. stimmlich begleitet wird.
- Der nonverbale Ausdruck ergänzt die körpersprachliche Komponente.

„Der Eindruck von einem Sprecher hängt nur zu einem geringen Teil davon ab, was er sagt."

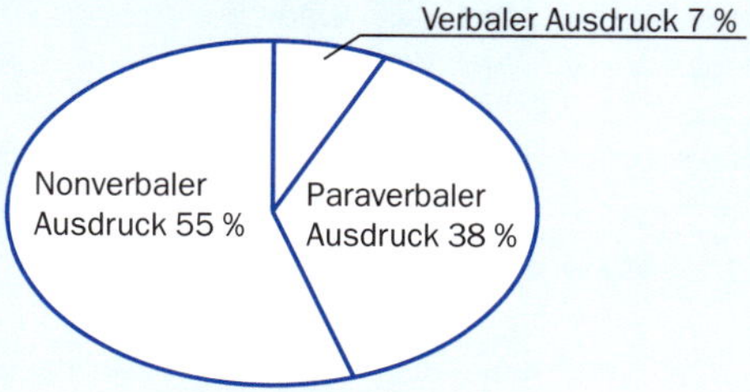

Drei Bereiche kommunikativen Verhaltens

Um einem weit verbreiteten Missverständnis vorzubeugen sei an dieser Stelle gesagt, dass die reine Inhaltsvermittlung selbstverständlich nicht zu einem so großen Teil von außersprachlichen Komponenten bestimmt ist. In Bezug auf den Informationsgehalt einer Rede werden vor allem körpersprachliche Elemente häufig überschätzt. So kann sich ein Zuhörer nicht allein aufgrund des guten Aussehens eines Sprechers die Inhalte besser merken! Jedoch ist seine Aufmerksamkeit evtl. höher, wenn er den Redner als glaubwürdig und engagiert erlebt. Für diese Einschätzung wiederum ist die Körpersprache von großer Bedeutung.

1.2 Verbaler Ausdruck

Der Mensch hat verschiedenste Möglichkeiten, sich verbal auszudrücken. Welche dieser Möglichkeiten wir wählen, hängt z.B. davon ab, welche Erziehung und Bildung wir genossen haben oder wie unsere Einstellung zu einem bestimmten Zuhörer und dem Gesprächsthema ist. Im Rückschluss gilt:

> Ein Zuhörer wird aufgrund unseres Sprachgebrauchs – meist unbewusst – eine Meinung darüber entwickeln, wer wir sind, wo wir herkommen und was wir wollen.

Der Sprachgebrauch eines Menschen lässt sich mit einer Vielzahl von Parametern beschreiben. Es sollen nun diejenigen erörtert werden, die die Wirkung einer Person am meisten beeinflussen: Wortwahl, Satzbau und Füllwörter/Floskeln.

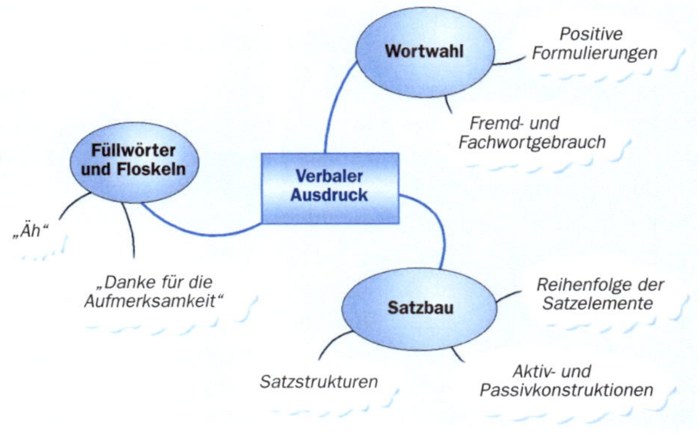

Aspekte des verbalen Ausdrucks

Wortwahl

In Zusammenhang mit der Wortwahl eines Sprechers wird häufig der Fremd- und Fachwortgebrauch analysiert. Grundsatz ist, dass Fremd- und Fachwörter nur dann genutzt werden sollen, wenn ihre Bedeutung dem Zuhörer bekannt ist. Für den rhetorischen Prozess Informieren ist das sicher ein wertvoller Hinweis. Wenn wir jedoch die Wirkung einer Person reflektieren, so bedeutet der Fremdwortgebrauch sehr viel mehr. In der heutigen Zeit ist Fachwissen immer mehr gefragt, deshalb ist es für viele Menschen wichtig, sich als Fachmann oder Fachfrau auf einem Gebiet zu präsentieren.

So neigen Sprecher in Vortrags- oder Gesprächssituationen häufig dazu, viele Fremd- und Fachwörter zu benutzen, um ihrer Kompetenz Ausdruck zu verleihen. Das hat oftmals zur Folge, dass die Zuhörer zwar sehr beeindruckt vom Wissensumfang des jeweiligen Sprechers sind, sie allerdings auf der anderen Seite sehr wenig von dem verstanden haben, was gesagt wurde.

Hieran wird deutlich: Professionelle Rhetorik ist niemals eine Einbahnstraße.

> Für eine bestimmte Kommunikationssituation gibt es keine ausschließlich richtige rhetorische Vorgehensweise, es kommt immer darauf an, was der Sprecher will.

Ist es ihm wichtig, sich als (unerreichbare) Koryphäe eines Fachgebiets darzustellen, sollte er viele Fachwörter verwenden. Ist es ihm aber wichtig, dass die Zuhörer ihn wirklich verstehen, sollte er angemessen einfache Worte wählen.
Möglicherweise sind dem Sprecher auch beide Aspekte gleichermaßen wichtig. Für diesen Fall sei vorgeschlagen, eine geringe Anzahl von Fremd- und Fachwörtern in seinen Äußerungen zu verwenden, diese beim ersten Gebrauch in einem Nebensatz zu erklären und sie dann im weiteren Verlauf selbstverständlich zu benutzen:

Beispiel: „Es ist doch unbestritten, dass die Partei X in diesem Gebiet etwas für sich beansprucht, was sie nachweislich an anderer Stelle nie erreicht hat. Unter diesen Voraussetzungen entsteht beim Menschen eine kognitive Dissonanz, er erkennt also einen inneren Widerspruch. Kognitive Dissonanzen sollten dazu führen, dass eine Situation neu eingeschätzt oder eine Meinung verändert wird!“

Ein zweiter Aspekt der Wortwahl ist die Möglichkeit, mit bestimmten Formulierungen implizit eine innere Einstellung auszudrücken und damit seine Persönlichkeit ins rechte Licht zu rücken. In unserer Gesellschaft findet sich verbreitet die Forderung nach optimistischen und Kunden gegenüber offenen Mitarbeitern.

Eine solche positive Einstellung kann aus rhetorischer Sicht mit so genannten positiven Formulierungen suggeriert werden.

Mit der Technik der positiven Formulierung sollen die Sachverhalte, die im alltäglichen Sprachgebrauch häufig mit negativen Worten beschrieben werden, eine freundlichere Umschreibung finden.

Alltägliche Formulierung	Positive Formulierung
Ich habe jetzt keine Zeit.	Ab zwei Uhr habe ich Zeit.
Das hat mir nicht gefallen.	Es hätte mir besonders gefallen, wenn ...
Von 13 Uhr bis 14 Uhr geschlossen.	Ab 14 Uhr geöffnet.
Das Glas ist halb leer.	Das Glas ist halb voll.

Alltägliche versus positive Formulierung

In Zusammenhang mit bewusst eingesetzten positiven Formulierungen wird häufig der Vorwurf der Manipulation laut: Man würde Gesprächspartnern eine Einstellung vorspielen, die wahrscheinlich nicht der Wirklichkeit entspricht. Hierzu sei nur kurz bemerkt, dass die Art der Formulierung sehr wahrscheinlich nicht nur den Hörer, sondern auch den Sprecher selbst beeinflusst. Wer nach positiven Formulierungen sucht, wird automatisch eine optimistischere Perspektive einnehmen und auch schwierigen Sachverhalten positive Aspekte abgewinnen können. So hat es der Gesprächspartner zumindest mit jemandem zu tun, der seine Einstellung im Moment der Kommunikation positiv entwickelt.

Satzbau

Auch der Satzbau eines Sprechers gibt Hinweise auf dessen Persönlichkeit. Ähnlich wie ein erhöhter Gebrauch von Fach- und Fremdwörtern wird auch die Anwendung von besonders langen und komplizierten Sätzen häufig mit einer höheren Bildung assoziiert. Auf der anderen Seite kann ein zu verzweigter und weitschweifiger Satzbau den Eindruck fördern, der Sprecher würde „um den heißen Brei herumreden" oder nicht „mit der Sprache herausrücken". Diese Eigenschaftszuschreibungen sind für viele Tätigkeitsbereiche sicher eher ungünstig.

> Der Sprecher sollte Satzstrukturen finden, die gleichermaßen anspruchsvoll und leicht verständlich sind.

Als Orientierung kann hier das Schema Hauptsatz + Hauptsatz oder Hauptsatz + Nebensatz dienen:

Hauptsatz + Hauptsatz	**Hauptsatz + Nebensatz**
„Der Selbstdarsteller trumpft in seiner Äußerung mit vielen Fach- und Fremdwörtern auf und der Vorsichtige verstrickt sich in Nebensätzen."	„Auch Wortwahl und Satzlänge bestimmen, wie der Zuhörer über den Sprecher denkt."

Die Satzstruktur

Der Satzbau ist jedoch nicht allein durch die Kombination von Hauptsatz- und Nebensatzelementen bestimmt. Sowohl die Abfolge der einzelnen Satzelemente Subjekt, Prädikat und Objekt (S-P-O) als auch die Formulierung als Aktiv- oder Passivkonstruktion können einen Satz leicht oder schwer verständlich machen.
Obwohl eine Passivkonstruktion den gleichen Informationsgehalt hat wie die entsprechende Aktivkonstruktion, braucht der Zuhörer mehr Zeit, um den Sinn im Passiv zu erkennen.

Aktivkonstruktion	Passivkonstruktion
„Der Redner langweilt die armen Zuhörer."	„Die armen Zuhörer werden vom Redner gelangweilt."

Aktiv- versus Passivkonstruktion

Ähnliches gilt für die Reihenfolge der einzelnen Satzelemente. Wird sie als S-P-O-Konstruktion formuliert, kann der Hörer schnell den Sinn des Gesagten erkennen. Werden die einzelnen Elemente jedoch vertauscht, so dauert der Erkennensprozess deutlich länger.

O-P-S-Aktivkonstruktion	O-P-S-Passivkonstruktion
„Die armen Zuhörer langweilt der Redner."	„Vom Redner werden die armen Zuhörer gelangweilt."

O-P-S-Aktiv- versus O-P-S-Passivkonstruktion

Insbesondere im „Behörden-Deutsch" finden sich häufig schwierige Satzkonstrukte. Die Behörde als offizielle Institution ist aber Autorität. Möglicherweise ist das der Grund dafür, dass viele Menschen in offiziellen Redesituationen automatisch komplizierte Sätze bilden, obwohl das nicht ihrem alltäglichen Sprachgebrauch entspricht.
Die genannten Hinweise für einen rhetorisch sinnvollen Satzbau beziehen sich vorwiegend auf die gesprochene Sprache. In der Schriftsprache ist ein zu schlichter Satzbau ungünstig, denn eine einfache Schreibweise verführt häufig zu unaufmerksamem Lesen.

Füllwörter und Floskeln

Unter Füllwörtern und Floskeln verstehen wir aus rhetorischer Perspektive solche Lautäußerungen und Worte, die entweder nur die Funktion eines Lückenfüllers haben oder in ihrem Wortsinn nicht dem eigentlichen Anliegen des Redners entsprechen.

Typische Füllwörter sind das „äh“ oder „mh“. Für deren Auftreten gibt es eine psychologische und eine physiologische Erklärung. Beide Erklärungsmodelle gehen von unbewussten Verhaltensweisen des Sprechers aus.

- Die psychologische Perspektive sieht die Ursache der Entstehung von Ähs in Bewertungsprozessen beim Sprecher. Dieser befürchtet, dass eine stille Pause innerhalb seiner Äußerung als mangelnde Kompetenz oder Steckenbleiben interpretiert wird. Um einen solchen Eindruck zu vermeiden, füllt er die Pausen mit einer beliebigen Lautäußerung, meist mit dem Äh. Ein weiterer psychologischer Aspekt ist der Wunsch, nicht unterbrochen zu werden. Untersuchungen zeigen, dass Unterbrechungen häufig dann stattfinden, wenn eine Pause auftritt. Der Sprecher hofft nun, durch mit Äh gefüllte Pausen dem Gesprächspartner einen stetigen Redefluss zu suggerieren und damit keine Möglichkeit zum Einhaken zu geben.
- Die physiologische Perspektive geht hingegen von rein körperlichen Ursachen des Äh aus. Sie sieht am Sprechen zwei Systeme beteiligt: das Sprachsystem und das Sprechsystem. Im Sprachsystem werden die Denkprozesse zusammengefasst, mit denen wir unsere Äußerungen planen. Das Sprechsystem bezeichnet den Vorgang der Stimmbildung und Artikulation. Beide Systeme arbeiten unterschiedlich schnell. Der Denkprozess ist schließlich ungleich aufwendiger und anstrengender als einfach die Stimmbänder in Bewegung zu setzen oder die Lippen zu bewegen. Deshalb kann es sein, dass das Sprechsystem schon einsatzbereit ist, obwohl das Sprachsystem noch gar keine Inhalte geliefert hat. Und was passiert, wenn der Mund offen steht, die Stimmproduktion beginnt, aber noch keine Wörter parat sind? ... Äh!

Natürlich sollte der Gebrauch von Füllwörtern nicht überbewertet werden. In einer geringen Häufigkeit werden sie vom Zuhörer nicht einmal wahrgenommen.

> Kritisch wird es, wenn Füllwörter so häufig auftreten, dass sich die Aufmerksamkeit bewusst auf diese richtet. Hier fehlt dann die Konzentration für die eigentlichen Inhalte.

Ähs sollten also nur so häufig in der Äußerung vorkommen, wie sie noch keine Aufmerksamkeit auf sich ziehen.
Doch was kann der Sprecher stattdessen tun? Die Empfehlung lautet hier: Mut zur Pause! Auch wenn der Sprecher selber befürchtet, durch viele Pausen den Eindruck mangelnder Kompetenz zu vermitteln, entspricht das doch häufig nicht dem Empfinden der Zuhörer. Für sie sind Pausen sehr hilfreich, denn sie geben Zeit zum Nachdenken und Verarbeiten. Bis zu einer Pausenlänge von drei Sekunden fällt dem Hörer die Pause nicht einmal auf.

Neben den Füllwörtern sollen an dieser Stelle auch die so genannten Floskeln betrachtet werden. Floskeln sind solche Sätze oder Wortverbindungen, die wir nahezu automatisiert verwenden, ohne deren Wortsinn tatsächlich so zu meinen.

Beispielsweise sagen wir zur Begrüßung „Guten Tag". Aber meinen wir damit tatsächlich „Ich wünsche dir, dass du einen angenehmen und erfolgreichen Tag verbringst" ? Vielmehr ist diese Begrüßungsformulierung eine Floskel, die nichts anderes aussagt als „Ich bin gut erzogen, denn ich grüße andere Personen" oder „Ich zeige dir meinen Respekt, indem ich dich grüße".

Floskeln, die im Alltag die wichtige Funktion der Vereinfachung des Zusammenlebens haben, können einer professionellen Rhetorik hinderlich sein, da sie eine Distanz zwischen Sprecher und Hörer schaffen.

Beginnt der Sprecher mit „Danke, dass sie so zahlreich erschienen sind", meint er vielleicht nichts anderes als „Ich fange jetzt an". Endet er mit „Vielen Dank für die Aufmerksamkeit", meint er vielleicht nur „Ich bin mit meinem Beitrag am Ende".

Die Rhetorik empfiehlt grundsätzlich, individuelle und persönliche Formulierungen den Floskeln vorzuziehen, denn auf diese Weise wirkt der Sprecher sehr verbindlich.

Es entsteht beim Hörer der Eindruck, nicht nur eine Nummer zu sein, sondern in seiner Person wahrgenommen zu werden.

Übung

Lesen Sie einen kurzen Artikel (max. 10 Zeilen) aus der Tageszeitung. Geben Sie die Inhalte in freier Rede wieder. Verwenden Sie dabei nur Satzkonstruktionen wie Hauptsatz + Hauptsatz oder Hauptsatz + Nebensatz. Nehmen Sie ihre Äußerung auf und überprüfen Sie den Erfolg!

1.3 Paraverbaler Ausdruck

Unter paraverbalem Ausdruck verstehen wir solche Elemente des menschlichen Kommunikationsverhaltens, die sich auf die Art und Weise des Sprechens beziehen. Diese Aspekte haben einen deutlich größeren Einfluss auf die Einschätzung der Persönlichkeit eines Sprechers als verbale Ausdrucksbereiche. Einige Wissenschaftler bezeichnen die Stimme des Menschen sogar als seine persönliche Visitenkarte.
Die Bezeichnungen für die verschiedenen Aspekte des menschlichen Ausdrucksverhaltens sind nicht immer einheitlich. So werden stimmlich-artikulatorische Elemente gemeinsam mit der Körpersprache häufig unter dem Begriff nonverbales Verhalten zusammengefasst. Anstelle der Bezeichnung „paraverbal“ wird auch der Begriff „Prosodie“ gebraucht.
In diesem Buch werden zur besseren Übersicht stimmlich-artikulatorische Elemente von der Körpersprache getrennt betrachtet und aus Gründen der Einheitlichkeit als paraverbaler Ausdruck bezeichnet.

Die verschiedenen Aspekte des paraverbalen Ausdrucks sind vielfältig. Wir wollen auch hier die drei wichtigsten herausgreifen: Stimmführung, Artikulation und Sprechtempo.

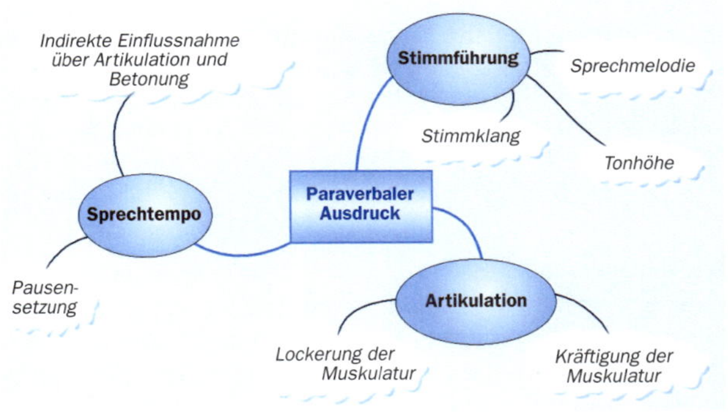

Aspekte des paraverbalen Ausdrucks

Stimmführung

Stimmklang

Insbesondere der Stimmklang eines Menschen kann beim Zuhörer Wohlbefinden oder Unwohlsein hervorrufen. Diese Empfindung wird jedoch nicht bewusst mit der Stimme eines Sprechers in Verbindung gebracht, sondern mit seiner Person.

> Stimmlich begründete Befindlichkeiten des Hörers wirken stärker als die Inhalte, die ein Sprecher vorbringt.

Ein Gesprächspartner, dessen Stimme uns fast schon „einlullt", ist jemand, dem man gerne zuhört. Setzt uns der Sprecher hingegen mit seiner unangenehmen Stimme „unter Strom", so wird das automatisch mit einer anstrengenden Person gleichgesetzt.

Ursache für solche Reaktionen des Hörers ist das Einfühlungsvermögen des Menschen. Dieser Zusammenhang sei hier kurz erläutert:

Auf der einen Seite ist der individuelle Stimmklang eines Menschen von seinem jeweiligen Spannungszustand bestimmt. Ist er gestresst, nervös oder verärgert, sind seine Muskeln in einer erhöhten Spannung, so auch die Muskeln in den Stimmbändern. Dieser veränderte Spannungszustand macht sich sofort im Klang der Stimme bemerkbar.

Beispiel: Wenn Sie z.B. einen Kasten Bier heben, nehmen Sie auch eine erhöhte Körperspannung an. Sagen Sie nun während des Hebens „Das ist aber schwer", wird sich ihre Stimme anders anhören, als wenn sie nach Abstellen des Bierkastens sagen „Das war aber schwer".

Auf der anderen Seite steht das Phänomen, dass der Mensch dazu neigt, Spannungszustände seiner Gesprächspartner selbst anzunehmen. Wenn jemand sehr aufgebracht und wütend mit Ihnen redet, wird es Ihnen schwer fallen, innerlich entspannt zu bleiben. Ähnlich ist es mit der Stimme: Spricht jemand mit einer angespannten Stimme zu Ihnen, werden Sie unbewusst ihre Stimmbänder genau so einstellen, wie es der Sprecher tut. Die Spannung an Ihren Stimmbändern überträgt sich nun auf Ihre gesamte Körperspannung und dementsprechend wird sich Ihr persönliches Empfinden entwickeln: Sie werden gestresst, nervös oder verärgert.
Der Vorgang, bei dem ein Hörer automatisch seine Stimmbänder so einstellt, wie es der Sprecher tut, wird als interne Simulation bezeichnet. Besonders schön kann dieser Effekt beobachtet werden, wenn man einen Redner mit stark belegter Stimme einen kleinen Vortrag halten lässt. Bereits nach kurzer Zeit beginnt im Publikum ein vermehrtes Räuspern und Husten, obwohl bestimmt nicht alle Teilnehmer eine Erkältung haben.
Die rhetorische Schlussfolgerung aus diesen beiden Beobachtungen ist:

> Entwickeln Sie als Sprecher einen möglichst angenehmen Stimmklang. Wer sich gut anhört, den kann man gut leiden!

Nun ist der Stimmklang eines Menschen ein relativ beständiges und nur mit viel Übung dauerhaft zu veränderndes Merkmal eines Menschen. Aber es ist möglich! Die einschlägige Literatur zum Thema Stimmtraining gibt hier einen guten Überblick. An dieser Stelle soll lediglich auf Folgendes hingewiesen werden: Die wichtigsten Voraussetzungen für die Entwicklung einer weichen und vollen Stimme sind

- einerseits eine angemessene Körperspannung: Ist der Spannungszustand eines Menschen eher locker, können sich auch die Stimmbänder entspannen. Die Stimme klingt dann weich;
- andererseits die sog. tiefe Bauchatmung: Ist die Atmung tief, kommt die Atemluft mit dem richtigen Druck in den Kehlkopf und bringt die Stimmbänder optimal zum Schwingen. Dadurch klingt die Stimme voll.

Tonhöhe

Ein weiterer Aspekt des Stimmklangs ist die Tonhöhe des Sprechens. Untersuchungen zeigen, dass eine eher tiefe Stimme bei Männern und auch bei Frauen heutzutage gesellschaftlich mehr akzeptiert und positiver assoziiert ist als eine hohe Stimme. So bewerten Zuhörer tiefe Stimmen als kompetent und sicher, hohe Stimmen als emotional und unsicher.

Insbesondere in der Entwicklung von Frauenstimmen kann man diesen Zusammenhang gut beobachten: In den Spielfilmen der vierziger bis sechziger Jahre hatten die Frauen eine sehr hohe Stimme. Das passte gut zu ihrem Rollenbild der häuslichen und für den emotionalen Zusammenhalt der Familie zuständigen Frau. Heute hat sich das Bild der Frau entwickelt. Sie ist selbstständig und macht Karriere im Beruf. Auch das macht sich im Spielfilm von heute bemerkbar. Die Frauenstimmen sind tief, besonders wenn die moderne und erfolgreiche Frau dargestellt wird. Im Übrigen ist es in der Politik ähnlich. Nahezu alle Frauen in wichtigen Positionen haben parteiübergreifend eines gemeinsam: ihre vergleichsweise tiefe Stimme.

Sprechmelodie

Die Sprechmelodie eines Menschen ist ein wichtiger Gradmesser für das Engagement eines Sprechers in Hinblick auf den Gesprächsgegenstand. Spricht er monoton, d.h. tendenziell auf immer der gleichen Tonhöhe, wirkt er gelangweilt und wenig begeistert. Spricht er hingegen mit deutlichen Tonhöhenvariationen, ist er offenbar von dem, was er sagt, selbst sehr überzeugt. Ist die Betonung jedoch zu stark, wirkt der Sprecher schnell affektiert oder gekünstelt. Interessanterweise schätzen ungeübte Sprecher ihre Betonung häufig falsch ein. Sobald sie die Sprechmelodie in ihrer Äußerung auch nur ein wenig forcieren, haben sie sofort den Eindruck von Schauspielerei. Das entspricht jedoch keineswegs dem Empfinden der Hörer.

> Gerade die deutliche Betonung wirkt angenehm und aufmerksamkeitsfördernd.

Eine klare und korrekt eingesetzte Betonung erleichtert das Verstehen einer Äußerung. Hintergrund ist, dass die stimmliche Hervorhebung einzelner Satzelemente Zusatzinformation vermittelt, und zwar ohne Worte.

Beispiel: Der Satz „Gibst du mir den grünen Ball?“ kann, je nachdem, welches Wort hervorgehoben wird, unterschiedlich verstanden werden:
- Betont der Sprecher „du“, meint er, er möchte den Ball von dieser Person und keiner anderen. (Es gibt also noch andere Personen.)
- Betont er hingegen „den“, möchte er aus einer Auswahl grüner Bälle einen bestimmten. (Es gibt mehrere grüne Bälle.)
- Bei der Betonung von „Gibst“ möchte der Sprecher den Ball nicht zugeworfen oder zugerollt haben. (Es gibt verschiedene Möglichkeit der Übergabe.)

Diese Bedeutung der Betonung für den Verstehensprozess ist auch ein wichtiger Aspekt für den rhetorischen Prozess des Informierens.

Für die Entwicklung eines betonten Sprechens können zwei Vorgehensweisen hilfreich sein:
- Eine Möglichkeit ist die bewusste Einstellungsveränderung. Häufig berichten Sprecher, dass ihnen das Reden vor Menschen nicht besonders viel Spaß macht. Noch vor Beginn der Äußerung wünschen sie, es wäre alles schon vorbei. Das ist sicher eine schlechte Voraussetzung für eine gute Be-

tonungsstruktur. Die Unsicherheit und das Unwohlsein manifestieren sich dann in einem eher monotonen Sprechen. Schaffen Sie es hingegen, die Sprechsituation positiv zu bewerten, sich auf Ihre Redemöglichkeit zu freuen und Ihre Rolle im Mittelpunkt des Geschehens zu genießen, werden Sie automatisch eine deutliche Betonung entwickeln. Als guter Redner muss man ein Stück weit Exhibitionist sein.

- Neben diesem psychologisch orientierten Rat gibt es noch eine zweite, praktischer orientierte Möglichkeit zur Entwicklung der Betonung, bei der die Wechselwirkung zwischen Stimme und Bewegung genutzt wird: Die Betonung wird stärker, wenn Sie sie mit Körperbewegungen kombinieren.

Übung

Prägen Sie sich die Sätze: „Lieber zwei Mal hinschauen als ein Mal falsch liegen. Der erste Eindruck kann täuschen“ ein.

Sprechen Sie die Sätze nun laut. Kombinieren Sie die Äußerung nun mit verschiedenen Bewegungen. Zu Beginn wählen Sie eine starke Bewegung, z.B. das Aufstampfen mit einem Bein bei jedem betonten Wort. Es ist auch möglich, mit einer gerollten Zeitung jeweils auf den Tisch zu schlagen. Später beschränken Sie die Bewegung auf eine zackige Hand- und Armbewegung, bis sie einer natürlichen Gestik nahe kommt. So entwickeln Sie nach und nach über den bewussten Körpereinsatz eine intensive Sprechmelodie.

Artikulation

Die gute Artikulation des Sprechers hat für die Rhetorik besondere Bedeutung, denn die Inhalte der Äußerung können noch so durchdacht sein – sie werden dem Sprecher nichts nützen,

wenn er undeutlich spricht und deshalb akustisch schlecht zu verstehen ist.
In Bezug auf die Wirkung einer Person kann eine undeutliche Artikulation schnell den Eindruck von mangelndem Engagement und wenig Interesse am Zuhörer vermitteln. Dem Sprecher wird der Vorwurf gemacht, ihm sei es egal, ob die Hörer ihn verstehen, da er sich sonst mehr Mühe geben und beim Sprechen den Mund richtig aufmachen würde.
Die sprichwörtliche Forderung, den Mund richtig aufzumachen, kommt dem professionellen Vorgehen zur Entwicklung einer deutlichen Aussprache sehr nahe.

> Eine gute Artikulation ist primär gekennzeichnet durch eine weite Mundraumöffnung beim Sprechen.

Hierfür gibt es eine besonders effektive Übung, die insbesondere in Schauspielerkreisen häufig Anwendung findet: das Korkensprechen. Schauspieler nehmen hier einen Weinkorken zwischen die Zähne und sprechen auf diese Weise stundenlang und trotz des Korkens so deutlich als möglich ihre Rollen. Wenn sie nun den Korken wieder aus dem Mund nehmen, haben sich die an der Artikulation beteiligten Muskeln an die weite Kieferstellung gewöhnt und behalten diese auch ohne Korken bei. Der Nachteil dieser Übung ist, dass sich der Sprecher schnell in den Korken verbeißt wie der Hund in das Stöckchen.
Die erhöhte Spannung im Kieferbereich wirkt sich wiederum negativ auf die Artikulation aus. So ist es vorteilhaft, statt des Korkens seinen eigenen Daumen zu benutzen – man wird automatisch vorsichtiger beißen. Der Effekt des Daumensprechens beruht einerseits auf der großen Kieferöffnung, andererseits wird der Sprecher zu besonders intensiven Lippenbewegungen gezwungen. So wird die Mundmuskulatur nicht nur geweitet, sondern auch trainiert.

> Genau hier liegen die beiden Grundpfeiler einer deutlichen Artikulation: die Lockerung und die Stärkung der an der Artikulation beteiligten Muskeln.

Übung

Lockerungsübungen sollten gleichermaßen Kiefer, Zunge und Lippen berücksichtigen.

- Streichen Sie die Kiefermuskulatur bei leicht geöffnetem Mund mit den Händen nach unten hin aus.
- Bewegen Sie die Zunge mehrmals bei offenem Mund in Richtung Kinn und wieder zurück.
- Vibrieren Sie mit den Lippen (vergleichbar Kindern, wenn sie ein Auto imitieren).

Übungen zur Kräftigung der Mundmuskulatur zielen primär auf Lippen und Zunge ab, denn die Kiefermuskulatur wird tagtäglich beim Kauen trainiert.

- Ziehen Sie die Lippen im Wechsel sehr spitz und sehr breit. Diese Übung kann bei offenem und geschlossenem Mund durchgeführt werden.
- Halten Sie die Spitze der Zunge einige Sekunden fest gegen den vorderen Gaumen gedrückt, dann entspannen Sie kurz und wiederholen diesen Vorgang mehrmals.

Sprechtempo

Die meisten Sprecher zeigen in Kommunikationssituationen, in denen sie angespannt oder nervös sind, eine erhöhte Sprechgeschwindigkeit. Psychologen meinen, Ursache wäre der Wunsch, so schnell wie möglich aus einer unangenehmen Situation herauszukommen. Je schneller man spricht, umso früher hat man die Sache hinter sich.
Sicher spielt auch das Temperament des Menschen eine große Rolle. Schließlich gibt es sowohl ruhige und zurückhaltende als auch quirlige und aufbrausende Charaktere. Analog spricht eine Person langsam und eine andere schnell.

Niemand sollte sich ein Sprechtempo angewöhnen, das seinem Charakter widerspricht.

Resultat wäre nur eine unnatürliche Ausstrahlung, mit der man sicher keinen Gesprächspartner überzeugt.
Trotzdem sind bestimmte Techniken für jedermann hilfreich, egal wie intensiv er sie jeweils anwendet. Eine solche Technik ist die regelmäßige Unterbrechung des Redeflusses durch Pausen. Optimal sind Pausen, die sich an den Satzzeichen der Schriftsprache orientieren. Zur Übung kann man zuerst Texte unter bewusster Pausensetzung lesen und diesen Sprechrhythmus dann in das freie Reden übertragen.
Hartnäckige Schnellsprecher lassen sich von Übungen zur Pausensetzung jedoch wenig beeindrucken. Sie machen zwar deutliche Pausen, aber zwischen den Pausen sprechen sie umso schneller.
Ursache hierfür ist zumeist eine undeutliche und monotone Sprechweise: Je geringer der Mund beim Sprechen geöffnet ist, umso schneller kann man sprechen. Eine deutliche Artikulation mit weiter Kieferöffnung hingegen braucht Zeit. Betonungen sind neben einer Erhöhung der Stimme auch von einer verlangsamten Aussprache der jeweils hervorgehobenen Silben und Wörter gekennzeichnet. Das bedeutet:

> Eine monotone Stimmführung führt zu schnellem und eine betonte Stimmführung zu langsamem Sprechen.

Die Erfahrung zeigt, dass eine langsam sprechende Person von Zuhörern meist als selbstsicher, kompetent und von der Sache überzeugt wahrgenommen wird. Der Redner strahlt aus, dass er in sich ruht.

1.4 Nonverbaler Ausdruck

Der nonverbale Ausdruck wird häufig als Körpersprache bezeichnet und ist seit den 70er Jahren auch im deutschsprachigen Raum viel diskutiert worden. Seine Bedeutung wird allgemein sehr hoch geschätzt, denn Analysefähigkeiten in Bezug auf die Körpersprache werden oft gleichgesetzt mit der Fähigkeit, das wahre Ich eines Menschen zu erkennen.

Selbstverständlich gibt es verschiedene nonverbale Verhaltensweisen, die tatsächlich auf der ganzen Welt und bei allen Menschen sehr wahrscheinlich parallel zu bestimmten emotionalen Zuständen ablaufen.

So wird ein Mensch, der glücklich ist oder sich gerade über etwas freut, wahrscheinlich unweigerlich lächeln.

Die entscheidende Frage ist jedoch, ob auch der Rückschluss legitim ist.

Ist jeder Mensch, wenn er lächelt, in diesem Moment sehr glücklich? Oder ist er vielleicht einfach unsicher oder will sich für etwas entschuldigen und das Lächeln bedeutet „Ich hab es nicht so gemeint" ?

Verschiedene Ratgeber für Körpersprache arbeiten mit solchen Rückschlüssen.

Es sei nicht nur so, dass ein Gesprächspartner mit einer ablehnenden Haltung wahrscheinlich die Arme verschränkt, sondern jeder, der seine Arme verschränkt hält, hat auch eine ablehnende Haltung.

Solche Hypothesen über die Persönlichkeit oder Einstellungen von Gesprächspartnern lassen sich gut verkaufen. Wer möchte nicht wissen, was hinter der Stirn anderer Personen abläuft.

Ein Sprecher, der um die große Beachtung der Körpersprache weiß, wird deshalb sein nonverbales Verhalten darauf einstellen. Damit besteht die Gefahr, dass er sich nicht mehr seiner Persönlichkeit entsprechend verhält, sondern eher so, wie er es im Buch über Körpersprache gelesen hat. Auf genau dieses unechte Verhalten reagieren Gesprächspartner wiederum sehr sensibel.

Eine seriöse Rhetorik muss immer vom Grundsatz der Individualität des Gesprächspartners geleitet sein.

In diesem Kapitel sollen solche Aspekte der Körpersprache beschrieben werden, die zwar für einer positive Ausstrahlung des Sprechers förderlich sind, gleichzeitig aber der Persönlichkeit entsprechende Abstufungen erlauben. Auch hier konzentrieren wir uns auf die drei wichtigsten Bereiche, das sind: Mimik, Gestik und Körperhaltung.

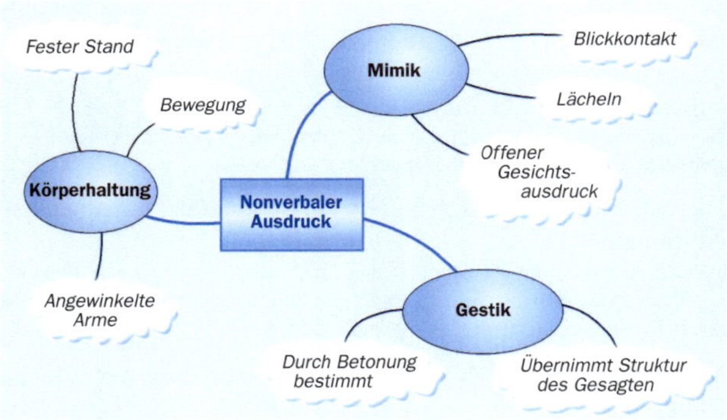

Aspekte des nonverbalen Ausdrucks

Mimik

Sämtliche Ausdrucksmöglichkeiten des Gesichts werden als Mimik bezeichnet. Bewegungen in diesem Bereich laufen meist unbemerkt ab. Das liegt wahrscheinlich daran, dass sich ein Mensch nicht selbst ins Gesicht schauen kann – es sei denn, er steht vor einem Spiegel. Das ist aber in Kommunikationssituationen selten der Fall. Wenn uns nun jemand sagt, wir würden griesgrämig schauen, sind wir häufig überrascht oder behaupten sogar das Gegenteil. Wie sollte man auch Dinge bestätigen, die man nicht mit eigenen Augen gesehen hat?
In Kontaktsituationen schauen Menschen einander immer primär ins Gesicht. Das gilt für Männer und Frauen gleichermaßen. Deshalb ist die Information, die wir aus der Mimik des Gesprächspartners ableiten, ein sehr wichtiger Baustein für den Gesamteindruck über einen Menschen. Unser Gesprächspartner wird aus unserem Gesicht ablesen, ob wir angespannt, konzentriert, begeistert, enttäuscht, kritisch oder unsicher sind. Dieser Eindruck muss keineswegs richtig sein, aber er ist im-

mer in irgendeiner Weise vorhanden. Deshalb tut der Mensch gut daran, über eine bewusst eingesetzte Mimik diesen Eindruck in seinem Sinne zu beeinflussen.

Offener Gesichtsausdruck

In wichtigen Kommunikationssituationen sind wir sehr konzentriert. Diese Konzentration zeigt sich häufig in zusammengezogenen Augenbrauen oder verkniffenen Augen. Insgesamt also kein sehr freundlicher Gesichtsausdruck. Genau das nimmt der Zuhörer wahr: ein ernstes, kritisches Gesicht. Daraus wird er wahrscheinlich drei Schlussfolgerungen ableiten:

1. Die Person ist ernst und kritisch,
2. das Thema muss ernst und kritisch betrachtet werden und
3. es macht offenbar keinen Spaß, sich mit dem Thema zu beschäftigen.

Als soziales Wesen wird der Mensch sich nun seiner Interpretation entsprechend verhalten: Er wird dem Sprecher und dem Thema gegenüber eine ernste und kritische Haltung einnehmen. Wenn das dem Anliegen des Redners entspricht, ist die Kommunikation aus seiner Sicht gelungen. War der Sprecher jedoch einfach nur konzentriert, wird er vielleicht verwundert darüber sein, dass der oder die Zuhörer sich ihm gegenüber sehr kritisch verhalten und die Freude am Thema nicht so recht aufkommen will. Für die meisten Kommunikationssituationen gilt deshalb der rhetorische Rat:

> Zeigen Sie einen offenen und freundlichen Gesichtsausdruck.

So kann sich eine positive Gesprächsatmosphäre entwickeln, in der der Sprecher als offen und das Thema als ansprechend wahrgenommen werden.

Lächeln

Die freundliche und offene Mimik ist vor allem durch ein Lächeln gekennzeichnet. Das Lächeln sollte jedoch nicht zum

Grinsen werden, sonst wirkt es schnell aufgesetzt. Auch sollten die Augen für einen natürlichen Gesichtsausdruck mitlächeln. Sicher wirkt es penetrant, wenn der Sprecher ohne Pause lächelt. Bestimmt gibt es in seiner Gesamtäußerung auch Passagen, wo ein Lächeln keineswegs angebracht ist. Deshalb ist der zweite rhetorische Rat:

> Begleiten Sie mit der Mimik das Gesagte.

Der Sprecher schaut z.B. irritiert, wenn er Widersprüche sichtbar machen will, oder er schaut fragend, wenn er ein Antwortverhalten der Zuhörer provozieren will.

Blickkontakt

Im Zusammenhang mit dem Thema Mimik verdient der Blickkontakt besondere Beachtung. Seine Bedeutung wird schon durch Aussagen wie „Die Augen sind der Spiegel zur Seele“ oder durch Aufforderungen „Schau mir ins Gesicht, wenn du mit mir redest!“ deutlich.

> Jemand, der dem Gesprächspartner oder den Zuhörern in die Augen schaut, wirkt selbstbewusst, überzeugt und ohne Geheimnisse.

Ein intensiver Blickkontakt hat zudem den Vorteil, dass der Sprecher unmittelbar an den nonverbalen Reaktionen sehen kann, wie er und das Gesagte wirken. Der professionelle Sprecher wird diese Beobachtungen sofort in seine Äußerung einfließen lassen.

Gestik

Mit dem Begriff Gestik werden sämtliche Bewegungen der Extremitäten, insbesondere die der Arme und Hände, beschrieben. Je mehr Gestik ein Sprecher verwendet, um so emotionaler oder engagierter wird er vom Zuhörer erlebt. Ist die Gestik jedoch zu stark, wirkt der Sprecher affektiert und unkontrolliert.

Die Intensität der Gestik sollte sich nach den Distanzzonen des Menschen richten.

Im Umkreis von maximal 30 cm um eine Person liegt ihre persönliche Distanzzone. Geht die Bewegung über diese Zone hinaus, nehmen die Zuhörer die Gestik als unnatürlich wahr. Die Art der Gestik ist nicht nur individuell, je nach Extrovertiertheit, sondern auch interkulturell, von Land zu Land, verschieden.

So neigen Südländer zu einer Gestik, die sich eher im Bereich des Brustkorbs und des Kopfes abspielt. Nordeuropäer hingegen zeigen ihre Gestik – wenn überhaupt – in Hüfthöhe.

Häufig zeigt sich in der Gestik auch die Anspannung des Sprechers. So dienen verschiedene, vom Sprecher unbemerkte Bewegungen, z.B. eine wischend-wedelnde Handbewegung oder das Wippen mit einem Bein dem Spannungsabbau. Andere dieser Ableitungsbewegungen sind die so genannten Selbstmanipulationen, bei denen der Sprecher sich ohne es zu merken im Gesicht kratzt oder die Haare hinter die Ohren streicht.

Überzeugend ist die Gestik eines Sprechers dann, wenn sie zu dem passt, was er sagt und wie er es sagt.

Eine Möglichkeit hierfür ist die Orientierung an der Betonung. Gestik sollte immer dort einsetzen, wo Wörter oder Wortgruppen betont ausgesprochen werden. Günstig ist eine scharfe Bewegung von Hand und Arm nach vorne unten. Die Handbewegung kann dabei einladend und zuvorkommend sein. Die Handflächen zeigen dann nach oben. Sie kann aber auch autoritär und zurechtweisend sein. Die Handflächen zeigen in diese Fall nach unten, evtl. bei gleichzeitig markantem Zeigefinger. Besonderes Engagement drückt die beidhändige Gestik aus.
Eine andere Möglichkeit ist, mit der Gestik die Struktur des Gesagten aufzunehmen. Alle in Bewegung übersetzbaren Formulierungen werden vom Sprecher gezeigt.

Übung

Sprechen Sie die folgende Beispiele und unterstützen Sie das Gesagte wie jeweils illustriert.

- „Einerseits ..., andererseits ...“: 
- „Ich und Sie“: 
- „Das ist eine große Aufgabe“: 
- „Wir sollten hier Schritt für Schritt vorgehen“: 
- „Das habe ich so nicht gesagt“: 

Vorteil einer die Formulierung unterstützenden Gestik ist, dass der Gesprächspartner die Inhalte des Gesagten nicht nur hört, sondern auch sieht. Das macht die Äußerung eindringlicher und das Verstehen leichter.

Natürlich ist es auch möglich, dem Gesprächspartner ohne Worte und allein durch Gestik oder Mimik etwas mitzuteilen. Körpersprache ersetzt dann die Worte.

Ein typisches Beispiel ist das Kopfschütteln oder Abwinken, während der andere redet. Die Aussage ist eindeutig Ablehnung oder Unverständnis. Reagiert der „kritisierte“ Gesprächspartner darauf, so lautet die Antwort vielleicht „Ich habe doch gar nichts gesagt“. Das ist dann zwar nicht direkt gelogen, aber unfair.

Körperhaltung

Ähnlich wie Gestik und Mimik ist auch die Körperhaltung eines Sprechers Basis der Interpretationen über seine Person.

So wird ein vor Publikum stehender Redner möglicherweise nur deshalb als unsicher eingeschätzt, weil er ein Bein nach innen eingeknickt hat und den Oberkörper schief hält, obwohl diese Haltung einfach nur bequem für ihn ist.

Trotzdem gilt:

> Der Sprecher sollte einen für ihn ungünstigen Eindruck gar nicht erst entstehen lassen.

Grundsätzlich wirkt ein fester Stand mit dem Gewicht auf beiden Beinen sehr sicher. Hier kann man ein interessantes Phänomen beobachten: Dieser sichere Stand wirkt nicht nur auf den Zuhörer, sondern auch auf den Redner selbst. Er kann sich durch diesen festen Stand selber Sicherheit geben. Die psychologische Erklärung dieses Phänomens besagt, dass ein bestimmtes Symptom (z.B. verschränkte Arme), das Ausdruck eines bestimmten emotionalen Zustands (z.B. Ablehnung) ist, selber auch zum Reiz werden kann, der den vormaligen Auslöser jetzt zur Folge hat. Das bedeutet: Durch absichtlich verschränkte Arme könnte man bei sich selbst ein Gefühl von Ablehnung erzeugen. Für positive emotionale Reaktionen wurde dieser Zusammenhang sogar untersucht: Jemand, der bewusst über längere Zeit vor sich hin lächelt, fühlt sich tatsächlich glücklicher als jemand, der ständig ernst schaut.
Der feste Stand mit Gewichtsverteilung auf beiden Beinen wird optimal ergänzt durch eine angewinkelte Armhaltung. Die Hände liegen in Höhe des Bauchnabels locker über- oder gegeneinander. Aus dieser Position heraus wird der Sprecher automatisch vermehrt Gestik anwenden, dann die Arme sind sozusagen schon in Arbeitsbereitschaft. Außerdem sind angewinkelte Arme „aufgeräumt".
Natürlich sollte ein Redner nicht den gesamten Vortrag lang wie angewurzelt fest auf beiden Beinen stehen. Das würde steif wirken. Deshalb gilt die Grundregel, am Anfang und am Ende des Vortrags über einen festen Stand Sicherheit zu vermitteln und im Redeverlauf durch Bewegungen Aufmerksamkeitsreize zu setzen. Diese Bewegungen sollten nicht mehr als zwei bis drei Schritte umfassen, denn sonst macht der Redner den Eindruck eines Tieres, das im Käfig hin und her läuft.
Ganz professionell ist es, wenn es dem Redner gelingt, die Position im Raum analog zu Abschnitten der Rede zu verändern:

Nach Abschluss eines Punktes geht er zwei Schritte in eine andere Richtung und beginnt von dort aus mit einem neuen Punkt. Ein weiterer wichtiger Aspekt für die Körperhaltung im Stehen ist die Zugewandtheit zum Publikum. Der Sprecher sollte darauf achten, seine Körperhaltung und Körperbewegungen so zu gestalten, dass jeder ihn – zumindest zeitweise – gut von vorne sehen kann. Das ist eine wichtige Voraussetzung für den guten Kontakt zum Publikum und damit für das Gelingen der Rede.

Für den Beginn einer Vortrags- oder Redesituation lässt sich also ein nonverbaler Ablaufplan zusammenfassen:

1. Eine für alle Zuhörer gut sichtbare Position im Raum suchen.
2. Fest auf beiden Beinen stehen.
3. Hände vor dem Bauchnabel zusammennehmen.
4. Blickkontakt zu verschiedenen Zuhörern suchen.
5. Zu ungünstigen Sitzplätzen hinwenden.
6. Sprechbeginn.

Eine körpersprachlich günstige Haltung im Sitzen folgt anderen Regeln als die im Stehen. Ein engagierter Eindruck entsteht hier, wenn der Sprecher sich leicht nach vorne beugt, relativ weit vorn auf seinem Stuhl sitzt und beide Füße auf dem Boden hat. Möchte man hingegen eine entspannte und unaufgeregte Stimmung vermitteln, ist eine bequeme Haltung mit angelehntem Oberkörper und überschlagenen Beinen günstig.

1.5 Kongruentes und inkongruentes Verhalten

In den vorangegangenen Abschnitten wurde dargestellt, dass der Mensch über verbale, paraverbale und nonverbale Ausdrucksmöglichkeiten verfügt. Diese drei verschiedenen Bereiche können jeweils für sich betrachtet werden, wirken aber in der realen Situation in ihrer Kombination. Eine Ausnahme ist die Kommunikation am Telefon, bei der die körpersprachliche Information fehlt.

Vermitteln diese drei Ausdrucksbereiche die gleiche Botschaft, so ist das Verhalten kongruent. Die Gesamtwirkung ist hier sicher und eindeutig. Man stelle sich eine Person vor, die den Satz: „Ich bin mir da ganz sicher!“ sagt. Dabei betont sie „ganz“ und „sicher“, steht fest auf beiden Beinen, ihre Handbewegungen verlaufen parallel zur Betonung und sie schaut ihrem Gesprächspartner fest in die Augen.
Würde die Person stattdessen die Äußerung mit leiser und monotoner Stimme, einem nach unten gerichteten Blick und vielleicht sogar mit einem Kratzen am Kopf begleiten, sagt die verbale Botschaft etwas anderes aus als die paraverbale und die nonverbale. Wir sprechen in diesem Fall von inkongruentem Verhalten. Die Gesamtwirkung ist hier nicht mehr so stark.

Es gibt jedoch Kommunikationssituationen, in denen der Sprecher genau das erreichen will, in denen er also weder eindeutig noch direkt wirken möchte.
In solchen Fällen werden zumeist mehrere Anliegen gleichzeitig in Bezug auf einen Gesprächspartner verfolgt. Hier kann man z.B. mit seiner Stimme etwas anderes sagen als mit seinen Worten. Nachteil ist, dass der Hörer sich hier aussuchen kann, auf welche Botschaft er reagiert.

Ein Busfahrer ärgert sich über seinen befreundeten Kollegen, weil dieser zum wiederholten Mal zu spät zur Ablösung kommt. Er will etwas dazu sagen, ohne aber das Verhältnis zu gefährden. Um beide Anliegen zu vereinen, sagt der Busfahrer zu seinem Kollegen „So geht das aber nicht. Jedes Mal wenn du zu spät kommst, bringst du mich hier in eine wirklich unangenehme Situation.“ Dabei lächelt er freundlich und seine Stimme klingt eher bittend als zurechtweisend.

Insbesondere in der Kommunikation zwischen Mann und Frau ist ein inkongruentes Kommunikationsverhalten häufig zu beobachten.

Auf den Punkt gebracht:

Im ersten rhetorischen Prozess, dem Reflektieren, analysiert ein Sprecher seine eigene Wirkung. Dabei sind folgende Aspekte zu berücksichtigen:

- Die Wirkung eines Menschen wird zu einem geringen Teil durch den verbalen und zu einem großen Teil durch den paraverbalen und den nonverbalen Ausdruck bestimmt.
- Grundsätze des verbalen Ausdrucks sind (Was sagen):
  - Fremd- und Fachwortgebrauch am Gesprächspartner orientieren.
  - Positive statt negative Formulierungen nutzen.
  - Kurze Satzstrukturen finden.
  - Sinnunterstützende Reihenfolge der Satzelemente anbieten.
  - Floskeln und Füllwörter vermeiden.
- Grundsätze des paraverbalen Ausdrucks (Wie etwas sagen):
  - Einen vollen und weichen Stimmklang finden.
  - Eher in tiefen Tonlagen sprechen.
  - Durch Betonungen Satzmelodien variieren.
  - Mit einer weiten Kieferöffnung deutlich artikulieren.
  - Durch Pausen das Sprechtempo angemessen gestalten.
- Grundsätze des nonverbalen Ausdrucks (Mit welcher körpersprachlichen Unterstützung):
  - Offenen Gesichtsausdruck und Lächeln zeigen.
  - Mit Mimik das Gesagte begleiten.
  - Durch Gestik das Gesagte unterstützen.
  - Gewicht auf beiden Beinen verteilen.
  - Arme anwinkeln.
- Der Sprecher wirkt überzeugend und sicher, wenn er in allen drei Ausdrucksebenen die gleiche Botschaft vermittelt. Ein Sprecher kann Gesagtes abschwächen, indem er bewusst unterschiedliche Botschaften in den drei Ausdrucksbereichen anbietet.

2 Zweiter Prozess: Konzentrieren

Was der Sprecher über seinen Gesprächspartner wissen sollte

Als erste Voraussetzung für ein professionelles Kommunikationsverhalten wurde bisher der Prozess des Reflektierens beschrieben. Ein erfolgreicher Sprecher weiß, wie er auf andere Menschen wirkt und welche Verhaltensweisen er anwenden sollte, um seine Ausstrahlung in die gewünschte Richtung zu lenken. Der zweite rhetorische Prozess ist das Konzentrieren. Der Sprecher richtet seine Aufmerksamkeit nun ganz auf den Kommunikationspartner und die jeweilige Gesprächssituation. Dieser Prozess sollte zur Vorbereitung schon vor dem ersten Gesprächskontakt einsetzen und Grundlage für das Verhalten im Gespräch sein.

2.1 Warum sich zuerst auf den Gesprächspartner konzentrieren?

Kommunikation ist ein wechselseitiger Prozess. Deshalb hängt ihr Gelingen nicht nur von der Person des Sprechers, sondern auch von der Person des Hörers ab. Der Ausdruck eines Sprechers kann auf verschiedene Zuhörer unterschiedlich wirken.

> Um eine gute rhetorische Wirkung zu entfalten, muss der Sprecher sich an den Erwartungen und Einstellungen seines Zuhörers orientieren.

Hat er mehrere Zuhörer, muss er darauf achten, dass in seinem Vortrag sozusagen für jeden etwas dabei ist.
Die zuhörergeleitete Rhetorik ist nicht unbedingt das, was man sich allgemein unter erfolgreicher Rhetorik vorstellt. In den Au-

gen vieler Menschen ist ein guter Rhetoriker in erster Linie ein guter Selbstdarsteller. Diese Sichtweise orientiert sich jedoch zu stark an dem, was der Redner ist, und zu wenig an dem, was der Redner will. Selbst wenn ein Zuhörer beeindruckt von der Selbstdarstellung des Sprechers ist, bedeutet das noch lange nicht, dass er automatisch inhaltlich zustimmt. Möglicherweise wird sogar Ablehnung provoziert, wenn die Zuhörer sich in die Rolle des applaudierenden Publikums gedrängt sehen, anstatt mit ihren Ansichten und Einwänden ernst genommen zu werden.

2.2 Kriterien zur Analyse des Gesprächspartners

Vor wichtigen Gesprächssituationen sollte sich ein Sprecher also auf den jeweiligen Gesprächspartner einstellen. Je nachdem, mit welcher Person er es zu tun hat, wird er dann verschiedene rhetorische Mittel wählen und sich in einer bestimmten Art und Weise präsentieren. Erfahrungsgemäß sind für die Einschätzung des Zuhörers drei Analysebereiche wichtig: der persönliche Hintergrund, die themenbezogene Einstellung und der momentane Wissensstand.

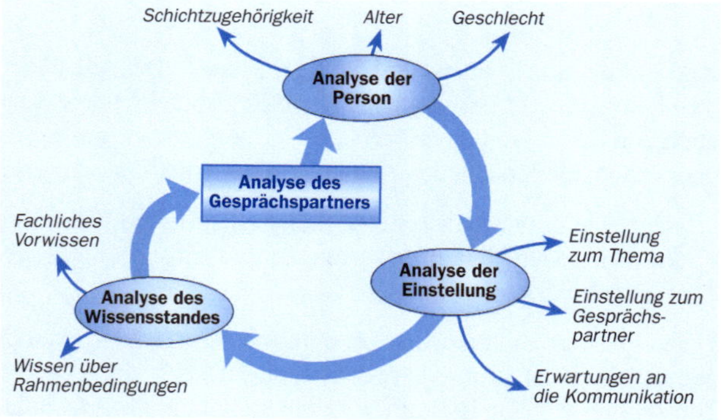

Analysebereiche zur Einschätzung eines Gesprächspartners

Analyse der Person

Die Persönlichkeit eines Menschen wird zu einem Teil von gesellschaftlichen Rollenzuweisungen und zu einem anderen Teil von individuellen Lebenserfahrungen bestimmt. Die Interpretation persönlicher Erlebnisse sollte man den Fachleuten überlassen. Die jeweiligen sozialen Rollen einer Person lassen sich hingegen leicht bestimmen. Schicht, Alter und Geschlecht sind hier gute Orientierungsgrößen.

Schichtzugehörigkeit

Soziologen teilen Menschen entsprechend ihrer Zugehörigkeit in Ober-, Mittel- und Unterschicht ein. Solche Einteilungen stoßen häufig aufgrund des damit verbundenen Schubladendenkens auf Ablehnung. Andererseits ist es jedoch notwendig, Kriterien der Unterscheidung zu finden, wenn man derart komplexe Zusammenhänge wie das menschliche Sozialleben beschreiben will. Um beide Aspekte miteinander zu vereinen, sollte der verantwortungsvolle Sprecher die Ergebnisse seiner Höreranalyse jederzeit kritisch überprüfen und nach Bedarf anpassen.

Aus rhetorischer Sicht ist die Einteilung in Schichtzugehörigkeiten deshalb wichtig, weil verschiedene Schichten ein unterschiedliches Sprachverhalten zeigen:

- Sprecher der Oberschicht bilden relativ lange Sätze, benutzen viele Fremdwörter und artikulieren eher hochdeutsch.
- Sprecher der Unterschicht hingegen neigen zu kurzen Sätzen, zum Teil mit Auslassungen (sog. Telegrammstil), wenig Fremdwörtern und deutlichem Dialekt.

Geht man nun davon aus, dass sich Hörer lieber überzeugen lassen, wenn sie sich verstanden fühlen, und geht man außerdem davon aus, dass sich jemand dann verstanden fühlt, wenn der andere ihm ähnlich ist, so sollte der Sprecher genau das Sprachverhalten zeigen, das der Schichtzugehörigkeit des Hörers entspricht.

Auf der anderen Seite steht die Person des Sprechers. Diese hat eine eigene Schichtzugehörigkeit und ihr wird es deshalb schwer fallen, einen anderen Sprachstil als den ihren zu zeigen. Hinzu kommt, dass es schnell lächerlich wirkt, wenn ein Sprecher sich spürbar bemüht, den Stil seiner Zuhörer zu imitieren.

Man stelle sich einen Vorstandsvorsitzenden bei seinen Fabrikarbeitern vor, der plötzlich versucht, Arbeiterslang zu sprechen. Die Irritation wird groß sein, denn der Chef erfüllt in dieser Situation seine Rollenerwartungen nicht mehr.

> Günstig wäre also eine Sprechweise, die in der Tendenz dem Hörer angepasst ist, aber trotzdem die eigene Persönlichkeit nicht verdeckt.

Am besten gelingt das, wenn man sich nicht nur rational bemüht, den Stil des Gesprächspartners zu erfassen, sondern sich auch emotional in die Situation des Zuhörers einfühlt.

Alter

Neben der Schichtzugehörigkeit kann auch das Alter einer Person ausschlaggebend sein für den individuellen Sprachgebrauch. Die Komplexität von Äußerungen steigt mit zunehmendem Alter. Gleichzeitig wird die Fähigkeit, schwierige Sätze zu verstehen, erst nach und nach erworben. Ein Sprecher sollte sich also auch dem sprachlichen Entwicklungsstand eines Zuhörers anpassen.
Im Kontakt zu kleinen Kindern passiert das automatisch: Der Erwachsene verwendet einfache Sätze und Worte. Die Stimme ist erhöht und die Betonung sehr stark ausgeprägt. Die dadurch erzeugte Emotionalität verstärkt die Aufmerksamkeit und fördert das Verstehen. Eine solche Sprechweise Erwachsener gegenüber Kindern wird „motherese“ oder „babytalk“ genannt. Auch Jugendliche und junge Erwachsene haben häufig einen spezifischen Sprachgebrauch. Meist verwenden sie spezielle Bezeichnungen, die älteren Personen nicht geläufig sind. Aus diesem Grund gibt es inzwischen diverse Lexika zur Jugendsprache.

Aber auch ältere Menschen benutzen zum Teil Bezeichnungen, die Jugendliche nicht mehr kennen.

„Junge“ Sprache	„Alte“ Sprache
Abhängen (sich entspannen)	Landser (Soldat)
Keule (Mädchen, Freundin)	Schenke (Kneipe)
Burger (Fleischbrötchen)	Grieben (ausgelassene Speckwürfel)
dissen (beschimpfen)	unstet (unausgeglichen, sprunghaft)

Wortbeispiele für altersbedingten Sprachgebrauch

Soziolinguisten meinen, dass bestimmte Altersgruppen ganz bewusst spezielle Ausdrücke verwenden, um sich damit von anderen Altersgruppen abzugrenzen. Das gilt sicher besonders für Jugendliche gegenüber Erwachsenen.

Bemüht sich nun beispielsweise ein Lehrer, durch die entsprechende jugendliche Wortwahl einen besonders guten Kontakt zu seinen Schülern herzustellen, kann das genau den gegenteiligen Effekt haben, da er durch seinen Sprachgebrauch die gewünschte Angrenzung zu Erwachsenen aufweicht. Er stößt damit wahrscheinlich auf Ablehnung.

Aufgrund möglicher Reaktanzen sollte der Sprecher also nicht versuchen, das Sprachverhalten anderer Altersgruppen zu imitieren.

> Der Sprecher sollte seine Wortwahl so gestalten, dass keine Begrifflichkeiten enthalten sind, die das Verstehen beim Gesprächspartner einer anderen Altersgruppe beeinträchtigen und eine Barriere zwischen Sprecher und Hörer aufbauen.

Geschlecht

Männer und Frauen unterscheiden sich deutlich in ihrem Sprachgebrauch. Für viele Kommunikationswissenschaftler ist das der Grund für permanente Missverständnisse zwischen den Geschlechtern.

- Bei Betrachtung der Äußerungen von Frauen fällt die Tendenz zu gefühlsbetonten Ausdrücken und zur Darstellung von Sachverhalten anhand von Beispielen oder Erfahrungsberichten auf.
- Männer hingegen zeigen eher eine sachlich-rationale, von Fakten begleitete Äußerungsstruktur.

Dieses unterschiedliche Ausdrucksverhalten lässt darauf schließen, dass auch Verstehens- und Interpretationsprozesse verschieden ablaufen. Genau darauf kann sich ein Sprecher einstellen. Redet er mit Frauen, wird er selber gefühlsbetonte Ausdrücke verwenden und viele Beispiele aufzeigen. Spricht er aber mit Männern, sind Daten und Fakten entscheidender.

Gefühlsbetonte Äußerungen	Gefühlsneutrale Äußerungen
• Für mein Empfinden sieht die Sache so aus ... • Dabei habe ich kein gutes Gefühl. • Ich möchte Sie erst in das Thema einstimmen. • Mein Bauch sagt mir ... • Das kann ich gut nachempfinden.	• Das hört sich nicht gut an. • Mein Eindruck ist ... • Meine Meinung ist ... • Das kann ich nicht nachvollziehen. • Da bin ich grundsätzlich gegen.

Gefühlsbetonte und gefühlsneutrale Äußerungen

Selbstverständlich gilt das beschriebene Sprachverhalten nicht für alle Männer und alle Frauen. Mit der Entwicklung der sozialen Rollen hat sich in den letzten Jahrzehnten auch das Kommunikationsverhalten der Geschlechter verändert. Frauen sind nun auch in Führungspositionen von Wirtschaftsunternehmen zu finden und Männer bleiben neuerdings zu Hause, um sich um die Familie zu kümmern. Ähnlich verhält es sich im sprachlichen Ausdruck: Karrierefrauen reden auch gern sachlich-rational, Hausmänner äußern sich oft gefühlsbetont. Der Sprecher sollte deshalb neben dem Geschlecht des Zuhörers immer dessen Individualität berücksichtigen.

Dominante Eigenschaften

Neben den durch Schicht, Alter oder Geschlecht gekennzeichneten sozialen Rollen einer Person können auch ihre so genannten dominanten Eigenschaften Hinweise für ein optimales Gesprächsverhalten geben. Man sollte sich vor Kommunikationsbeginn fragen, ob man es mit einer Person zu tun haben wird, die aufbrausend, autoritär, schweigsam, schüchtern etc. ist.

Je nach Charakter des Zuhörers sollte der Sprecher sich auf ein bestimmtes Gesprächsverhalten einstellen.

Einige Beispiele seien hier kurz aufgeführt:

Merkmal	Adäquates rhetorisches Verhalten
Redseligkeit	Äußerungen kurz in Aussageform zusammenfassen
Schüchternheit	Fragen mit Lob und Anerkennung verbinden
Ablehnung	Positive Aspekte der Äußerung suchen und verstärken
Überheblichkeit	Äußerungen bewertend aufnehmen und damit eigene Autorität stärken
Kritik	Kritik dankend aufnehmen und Lösungssuche zur gemeinsamen Gesprächsaufgabe machen

Verhaltensempfehlungen

Analyse der Einstellung

Der Ansatz, das Redeverhalten an der Person des Zuhörers auszurichten, ist schon sehr alt. Bereits vor zweitausend Jahren hat

Aristoteles beschrieben, dass ein Publikum nur dann von einer Sache wirklich zu überzeugen ist, wenn der Redner in seinem Vortrag zuerst den momentanen Gefühlszustand seiner Zuhörer verbalisiert und dann von dort aus eine neue Einstellung entwickelt. Beginnt der Redner hingegen gleich mit der Forderung und Begründung eines bestimmten Verhaltens oder einer Meinung, ohne zu zeigen, dass er die Befindlichkeiten im Publikum wahrgenommen hat und diese ausreichend berücksichtigt, wird er viel wahrscheinlicher auf Ablehnung stoßen.
Deshalb sagt Aristoteles in seiner Affekttopik, die die Bedeutung und den zielgerichteten Umgang mit den Emotionen der Zuhörer beschreibt, der Sprecher solle sich vor seiner Rede drei Dinge fragen und die Ergebnisse in seiner Äußerung aufgreifen:

1. Was passiert mit Menschen, wenn sie eine bestimmte Emotion haben?
2. Welchen Personen gegenüber haben sie diese Emotionen?
3. In Bezug auf welchen Sachverhalt zeigt sich die Emotion?

Die Erkenntnisse des Aristoteles lassen sich gut auf die verschiedensten Kommunikationssituationen übertragen. Kurz gefasst besagen sie:

> Ein Gesprächspartner lässt sich gern überzeugen, wenn er das Gefühl hat, verstanden zu werden.

Im Vorfeld wichtiger Gespräche oder Vorträge kann sich der Sprecher auf die Haltung seines Zuhörers einstellen, indem er sich fragt, wie die andere Person zu ihm und zu dem Thema steht und was sie sich von der Kommunikation erwartet. Möglicherweise stößt er auf Interesse, Desinteresse, Ablehnung oder Zustimmung. Die Erwartungen des Gesprächspartners können sich in dem Wunsch nach Informationsvermittlung oder dem Wunsch nach Meinungsaustausch äußern. Wird man als Sprecher diesen Einstellungen und Erwartungen nicht gerecht, ist die Enttäuschung groß und es entsteht das Gefühl, aneinander vorbeizureden.

Der verantwortungsbewusste Sprecher unterliegt jedoch einem Trugschluss, wenn er glaubt, allein die Analyse des zukünftigen Gesprächspartners und die jeweilige Abstimmung des eigenen Verhaltens reiche aus, um die Kommunikation optimal und für beide Seiten zufriedenstellend zu gestalten. Vielmehr gilt: Denke es nicht nur, sondern sage es auch!

Der Effekt dieser Kommunikationstechnik ist beim Sprecher und beim Hörer gleichermaßen spürbar. Nur wenn der Sprecher seinen Eindruck ausspricht, kann der Gesprächspartner diesen Eindruck bestätigen oder ihm widersprechen.

Auf diese Weise bekommt der Sprecher mehr und genauere Informationen über den Hörer und kann sich besser auf ihn einstellen. Der Hörer hingegen hat die Gewissheit, dass seine Grundeinstellung angekommen ist. Jetzt kann er sich leichter auf andere, neue Aspekte im Gespräch konzentrieren. Hat er dieses Gefühl nicht, drehen sich Gespräche häufig so lange im Kreis, bis der Gesprächspartner die Rückmeldung hat, dass seine Haltung wahrgenommen worden ist.

Stellen Sie sich eine Teambesprechung vor, in der Sie ihren Mitarbeitern neue Arbeitsabläufe vorstellen wollen, von denen diese jedoch wenig begeistert sind und diskutieren, obwohl die Sache bereits entschieden ist.

- Wenn Sie sich die Einstellung der Mitarbeiter vergegenwärtigen und evtl. zu dem Schluss kommen, der aufgeheizten Stimmung mit einer besonders ruhig und sachlich vorgetragenen Information über die neue Arbeitsweise entgegenzutreten, wird die Aufmerksamkeit bei Ihrem Vortrag nicht sehr groß sein, denn die Mitarbeiter fühlen sich mit ihren Sorgen nicht wahrgenommen.
- Wenn Sie hingegen zunächst verbalisieren, dass die Umstellung viel Wirbel gemacht und einige der Mitarbeiter stark verunsichert hat und dass die heutige Besprechung dazu dienen soll, die Unsicherheit und Verwirrung aufzulösen, so wird die Aufmerksamkeit der Mitarbeiter für ihren Vortrag deutlich größer sein!

In der Kommunikation gilt also – in Anlehnung an Aristoteles:

> Immer zuerst die Haltung des Gesprächspartners direkt oder indirekt ansprechen, um Missverständnisse zu vermeiden.

Analyse des Wissensstandes

Bezog sich die Analyse der Einstellung auf den emotionalen Zustand des Zuhörers, geht es bei der Analyse des Wissensstandes um inhaltliche Voraussetzungen beim Zuhörer.

> Der Sprecher sollte sich fragen, welche Vorinformationen bzw. welches Vorwissen der Gesprächspartner zu einem Thema hat, und seine Äußerung daran ausrichten.

Das Vorwissen kann sich einerseits auf fachliche Hintergründe beziehen, andererseits sind damit auch Informationen über Rahmenbedingungen gemeint.
Die Analyse des fachlichen Vorwissens gibt dem Sprecher Hinweise darauf, welches Niveau seine Äußerungen haben sollten. Rahmenbedingungen können beispielsweise Inhalte aus anderen Gesprächen oder das Ausmaß von Entscheidungsmöglichkeiten im gegenwärtigen Gespräch sein.
Hat der Zuhörer diese Informationen nicht, dreht sich das Gespräch im Kreis oder es wird im Publikum Irritation ausgelöst. Hier liegt eine Ursache für ineffektive Kommunikation. Auch im Gespräch zwischen zwei Personen kann das fehlende Wissen über Rahmenbedingungen eine effektive Kommunikation behindern.
Häufig ist die Ursache für die fehlende Darstellung der Rahmenbedingungen die Annahme eines Sprechers, dass Dinge, die für ihn selbstverständlich sind, für den Zuhörer ebenso selbstverständlich sind. Das ist aber selten der Fall, selbst zwischen Gesprächspartnern, die sich sehr gut kennen.

Eine Frau bittet ihren Mann, mit ihr Schuhe kaufen zu gehen. Für die Frau bedeutet das vielleicht, gemeinsam an einem Nachmittag in den verschiedensten Geschäften diverse Paar Schuhe anzuprobieren und am Ende in einer ausgiebigen Diskussion bei einer Tasse Kaffee das Für und Wider der einzelnen Produkte gegeneinander abzuwägen. Der Mann hingegen versteht unter dieser Verabredung, gemeinsam in einem zeitlich eng begrenzten Rahmen zielgerichtet vorausgewählte Geschäfte anzusteuern und beim passenden Produkt zuzugreifen.
Hier ist der Ärger vorprogrammiert. Er hätte jedoch bei Klärung der Rahmenbedingungen vermieden werden können.

2.3 Zuhörtechnik

Informationen über den Gesprächspartner sind eine wichtige Voraussetzung für das Gelingen von Kommunikation. Sowohl im Vorfeld als auch im Ablauf eines Gesprächs braucht ein Sprecher deshalb geeignete Techniken, um die gewünschten Informationen über den Gesprächspartner zu bekommen. Die Zuhörtechnik ist eine solche rhetorische Technik. Mit ihr soll sichergestellt werden, dass Gesprächsteilnehmer tatsächlich genau das verstehen, was der andere sagen will. Dieses Verstehen ist in der alltäglichen Kommunikation keine Selbstverständlichkeit. Vielmehr neigen Menschen dazu, genau das zu hören und zu verstehen, was sie hören und verstehen wollen. Diese menschliche Eigenart ermöglicht uns zwar die notwendige Auswahl zwischen den unendlich vielen Eindrücken, denen wir tagtäglich ausgesetzt sind, ist aber in der Kommunikation eine Ursache für Missverständnisse.

Häufig wird Zuhören mit Hören gleichgesetzt. Viele Menschen behaupten, sie würden zuhören, obwohl sie eigentlich nur hören.

> Zuhören bedeutet, den anderen zu verstehen; Hören bedeutet lediglich, ihn sprechen zu lassen.

Einander zu verstehen wird in Gesprächen häufig dadurch blockiert, dass ein Gesprächspartner bereits, während der andere spricht, seine eigene Äußerung plant. Deshalb bleibt keine Kapazität mehr, um gleichzeitig auch noch das Gesagte aufzunehmen. Der Gesprächspartner fungiert mehr als Stichwortgeber und weniger als wirklicher Partner. Sehr wahrscheinlich ist Wut oder Enttäuschung die Folge, denn beim anderen bleibt der Eindruck, er rede gegen Wände.
Eine konsequente Anwendung der Zuhörtechnik soll verhindern, dass Gesprächspartner während des Zuhörens schon an ihre nächste Äußerung denken und darüber hinweg das eigentliche Anliegen des anderen überhören.

Aspekte der Zuhörtechnik

Zurückhalten

Die wichtigste Voraussetzung zum Verstehen ist Geduld.

Nicht jede Assoziation, die ein Hörer zu den Äußerungen des Sprechers hat, muss auch sofort ausgesprochen werden.
Sprecherwechsel im Gespräch sind in der Realität überwiegend durch Unterbrechungen initiiert. Es ist also sehr wahrscheinlich, dass ein Gesprächspartner gar nicht erst dazu kommt, sein eigentliches Anliegen vorzubringen, weil er vorher unterbrochen wird.
Reagiert ein Zuhörer nach der Äußerung des Gesprächspartners einmal nicht direkt mit einer Erwiderung, sondern lässt die Sprechpause im Raum stehen, so wird der andere häufig doch weitersprechen, d.h., er hat also tatsächlich mehr zu sagen, will aber vielleicht die Geduld des Zuhörers nicht überstrapazieren. Durch die Anwendung dieser Zuhörtechnik können erheblich mehr Informationen erlangt werden.

Reformulieren

Die Äußerung eines Menschen wird nicht immer so verstanden, wie sie tatsächlich gemeint war. Ein Grund dafür ist, dass verschiedene Menschen gleiche Äußerungen aufgrund ihrer individuellen Erfahrungen unterschiedlich auffassen. Der Hörer wählt aus einer Äußerung des Sprechers die Informationen aus, die ihm wichtig erscheinen. Das müssen jedoch nicht die gleichen Informationen sein, die auch dem Sprecher wichtig waren. Diese Einschränkung der Wahrnehmung ist nicht nur in der Kommunikation zu beobachten.

Zeigt man z.B. verschiedenen Menschen das gleiche Bild und fragt sie dann, was sie gesehen haben, so sind die Beschreibungen unterschiedlich. Bei dem einen Beobachter stehen die Farben im Vordergrund, bei dem anderen Beobachter die beteiligten Personen und bei dem nächsten Beobachter vielleicht die Tiere oder Pflanzen.

In der Kommunikation sind solche Selektionsvorgänge Ursachen für Missverständnisse. Sie können durch das Reformulieren jedoch ausgeschaltet werden: Der Hörer gibt in eigenen Worten wieder, was der Sprecher gesagt hat. Auf diese Weise wird ein Kontrollmechanismus geschaffen, der den Gesprächspartnern eine Überprüfung dessen ermöglicht, was beim anderen angekommen ist. Er kann nun zustimmen oder noch einmal konkreter und eindeutiger sein Anliegen beschreiben.

Deuten

Häufig ist es auch so, dass Sprecher ihr eigentliches Anliegen selber nicht aussprechen, sei es aus Scheu vor Direktheit oder als Zeichen mangelnder Verbindlichkeit. Durch dieses Verhalten wird Kommunikation unkonkret und erreicht meist nicht die gewünschten Ziele.

Kommt z.B. ein überarbeiteter Mitarbeiter zu seinem Vorgesetzten und erzählt ihm von seinen vielen Aufgaben, um zu zeigen, dass es zu viele Aufgaben sind, könnte der Chef die Äußerung als Drang zur Selbstdarstellung missverstehen und ein schnelles Ende des Gesprächs suchen. Frustration beim Mitarbeiter wäre die Folge. Bei angewandter Zuhörtechnik könnte der Chef rückmelden, er hätte den Eindruck, der Mitarbeiter finde seine Arbeit nicht ausreichend wertgeschätzt.
So wird dem Mitarbeiter klar, dass seine Äußerungen falsch interpretiert wurden, und er kann sein Anliegen nun deutlicher formulieren.

Ein Hörer sollte also seine Interpretation der vermeintlich unausgesprochenen Absicht des Sprechers verbalisieren.

Ist diese Interpretationen erst einmal ausgesprochen, wird der Gesprächspartner entweder das Gefühl haben, wirklich verstanden worden zu sein, oder er hat die echte Chance, einen falschen Eindruck zu revidieren.

Zuwenden

Eine gute Gesprächsatmosphäre ist Voraussetzung für ein ehrliches und offenes Kommunikationsverhalten.

Gesprächspartner können die Entwicklung einer guten Atmosphäre dadurch unterstützen, dass sie sich bewusst einander zuwenden: Der Hörer dreht seinen Körper so in Richtung des Sprechers, dass er ihm mit gerader Kopfhaltung in die Augen schauen kann. So signalisiert er dem Sprecher seine ungeteilte Aufmerksamkeit.
Die Erkenntnis, dass Zuwendung das Kommunikationsverhalten positiv beeinflusst, beruht auf der Beobachtung von Gesprächen zwischen befreundeten Personen. Verstehen sich Menschen gut, so wenden sie sich automatisch im Gespräch einander zu. Findet das Gespräch im Gehen statt, werden sie sogar die Bewegung unterbrechen und sich abschnittsweise im Stehen unterhalten, nur um sich während des Gesprächs auch direkt anschauen zu können. Darüber hinaus nehmen befreundete Gesprächspartner häufig eine ähnliche Körperhaltung ein. Die gegenseitige Imitation ist ein Zeichen ihrer Ähnlichkeit und damit ihres Verständnisses füreinander.

Diese Phänomen kann nicht nur in körpersprachlicher, sondern auch in rein sprachlicher Hinsicht beobachtet werden. So wird innerhalb einer Jugendclique von allen Mitgliedern der gleiche Slang gesprochen.

In der Zuhörtechnik des Zuwendens wird das Verhalten befreundeter Gesprächspartner im Umkehrschluss angewandt: Indem der Hörer eine ähnliche Haltung wie der Sprecher einnimmt, suggeriert er ihm, beide wären auf gleicher Wellenlänge.

Bestärken

Über die körperliche Zuwendung hinaus kann ein Hörer durch kurze verbale Einwürfe und nonverbale Zeichen seine Aufmerksamkeit für den Sprecher zeigen. Ein typisches nonverbales Hörersignal ist das Nicken. Einerseits signalisiert es dem Sprecher, dass er verstanden wurde und dass man ihm folgen kann, andererseits hat es auch Aufforderungscharakter und motiviert zum Weitersprechen. Eine ähnliche Funktion haben Einwürfe wie „Aha!“, „Tatsächlich!?“, „Interessant!“, „Ach!“, „Mhm.“ etc.

Wie wichtig solche Hörersignale für den Sprecher sind, wird in der Telefonsituation deutlich. Fehlen sie hier, wird er nach kurzer Zeit fragen, ob der andere noch dran sei.

Hörersignale können auch als Unterbrechungstechniken eingesetzt werden. Sie haben dann jedoch nichts mehr mit Zuhörtechnik gemeinsam. Schüttelt ein Hörer während der Äußerung des Gesprächspartners den Kopf, wird dieser wahrscheinlich seinen Redefluss unterbrechen und auf Anliegen und Argumente des Hörers eingehen, statt den eigenen Gedankengang fortzusetzen.

Nachfragen

Auch bestimmte Formen des Fragens werden der Zuhörtechnik zugerechnet. Wichtig hierbei ist: Mit der Frage dürfen keine neuen Aspekte eingeführt werden. Der Schwerpunkt der Gesprächssequenz muss weiter bei der zugrunde liegenden Äußerung bleiben. Es wird sozusagen in die Tiefe gefragt. Häufig sind diese tiefer gehenden Fragen durch einleitende Worte wie „Was genau ...“ oder „Wie genau ...“ gekennzeichnet.

Eine Frage nach Kindern oder Arbeit, während der Sprecher gerade vom Ärger mit seiner Frau berichtet, ist hingegen keine Zuhörtechnik.

Die verschiedenen Zuhörtechniken dürfen selbstverständlich nur maßvoll eingesetzt werden, ansonsten bekommt ein Gespräch schnell den Charakter einer Ausfrage- oder Therapiestunde. Auch wäre es albern, zum Weiterreden aufzufordern oder tiefer nachzufragen, wenn bereits alles gesagt oder die Äußerung völlig banal ist.

„Ich rühre mal die Suppe um." – „Das ist ja interessant! Warum genau willst du die Suppe umrühren?"

Es obliegt dem Einfühlungsvermögen des Hörers, die Zuhörtechnik in sinnvollem Maß anzuwenden.

Übung

Wenden Sie in einer gestellten Situation mit einer befreundeten Person Zuhörtechnik an. Lassen Sie sich etwas über Arbeit, Hobbys oder Urlaub erzählen und reagieren Sie ausschließlich als Zuhörer. Fragen Sie Ihren Gesprächspartner im Anschluss, wie er Ihr Kommunikationsverhalten empfunden hat.

2.4 Taktisches Zuhören

Sowohl die Einstellung auf den Gesprächspartner als auch die angewandte Zuhörtechnik haben schnell den Anschein von Passivität. Der Laie fragt sich, wie er denn – gerade in der Überzeugungsarbeit – zum Ziel kommen soll, wenn er nicht von Anfang an offensiv die eigene Meinung vertritt und stattdessen primär auf Äußerungen des Gesprächpartners eingeht.

Richtig ist, dass die Konzentration auf den Gesprächspartner zunächst bedeutet, selbst nicht im Mittelpunkt der Kommunikation zu stehen. Fraglich ist aber, ob sich dieses Verhalten tatsächlich ungünstig auf den Überzeugungsprozess auswirkt. Wahrscheinlicher ist, dass durch angewandte Zuhörtechnik genau die Informationen vermittelt werden, die zum Aufbau einer erfolgreichen Argumentationsstruktur unerlässlich sind. Dieser Ansatz hat sich besonders in der Verkaufstaktik durchgesetzt.

Stellen Sie sich z.B. den Verkäufer eines Geschenkartikelgeschäfts vor, zu dem ein Kunde kommt, der etwas für seine Frau kaufen möchte.

- Der Verkäufer könnte nun sofort in die Offensive gehen und einen konkreten Vorschlag für ein Produkt machen. Dabei würde er sich nach seinen Erfahrungswerten richten oder er bietet an, was gerade im Angebot ist, oder vielleicht auch das, was besonders teuer ist. Mit viel Glück trifft der Verkäufer vielleicht zufällig den Geschmack des Kunden. Wahrscheinlicher ist jedoch, dass sich der Kunde schlecht beraten fühlt und den Eindruck hat, es würden ihm Standardangebote gemacht.
- Fragt der Verkäufer hingegen zuerst, wofür sich die Frau des Kunden interessiert, was für ein Typ sie ist oder über welche Geschenke sie sich bisher am meisten gefreut hat, kann er aufgrund der neuen Informationen einen (auch genau denselben) Produktvorschlag machen und sein Angebot mit dem Argument verbinden, dass dieses Geschenk für eine Person wie die Frau des Kunden besonders geeignet ist. Die Wahrscheinlichkeit, dass sich der Kunde daraufhin gut beraten fühlt, kauft und wiederkommt, ist groß.

Auf den Punkt gebracht:

Im zweiten rhetorischen Prozess, dem Konzentrieren, steht die Person des Gesprächspartners im Mittelpunkt der Betrachtung.

- Je mehr ein Sprecher über seinen Zuhörer weiß, um so besser kann er seine Äußerung auf diesen abstimmen.

- Grundsätze der Analyse des Gesprächspartners
  - Sprachstil der Schicht des Hörers beachten.
  - Altersgerechte Ausdrücke verwenden.
  - Bei Männer eher mit Zahlen, bei Frauen eher mit Beispielen arbeiten.
  - Emotionalen Zustand des Hörers beachten.
  - Wissensstand berücksichtigen.
  - Rahmenbedingungen ansprechen.

- Zuhörtechnik
  - Sprechpausen setzen.
  - Äußerungen mit eigenen Worten wiedergeben.
  - Interpretation der Äußerung anbieten.
  - Dem Gesprächspartner zugewandte Haltung einnehmen.
  - Durch kurze Einwürfe Aufmerksamkeit zeigen.
  - In die Tiefe fragen.

- Taktisches Zuhören: Informationen aus der angewandten Zuhörtechnik sollen die Basis für den Aufbau der eigenen Argumentationsstruktur sein.

3 Dritter Prozess: Informieren

Wie Sie Inhalte hörergerecht gestalten

In diesem Kapitel soll die Frage im Mittelpunkt stehen, wie ein Sprecher seine Äußerungen in optimaler Weise aufbaut, um das Verstehen beim Zuhörer zu sichern. Es werden solche rhetorischen Techniken erörtert, die den Informationsfluss zwischen Sprecher und Hörer sicherstellen. Hörerrückmeldungen wie „das habe ich nicht verstanden“ sollen durch die konsequente Anwendung dieser Techniken vermieden werden.
Gleichzeitig gilt das Ziel, Gesprächspartner durch den professionellen Aufbau der Äußerung zum intensiven Zuhören anzuregen. Wer aufmerksam und interessiert ist, wird Sachverhalte leichter verstehen als jemand, der gelangweilt und gleichgültig ist.

3.1 Was ist rhetorisch richtige Informationsvermittlung?

Ein Schwerpunkt angewandter Rhetorik ist die hörergerechte Aufbereitung von Kommunikationsinhalten. Das Wissen aus dem rhetorischen Prozess des Konzentrierens auf den oder die Gesprächspartner oder Zuhörer soll nun in die eigene Äußerungsstruktur einfließen.

> Rhetorisch wertvolle Informationsvermittlung bedeutet, Inhalte so darzustellen, dass sie auf den Wissensstand und das Verarbeitungsniveau des jeweiligen Empfängers der Information abgestimmt sind.

Das hat zur Folge, dass niemals ein und die selbe Präsentation vor verschiedenem Publikum gehalten werden darf. Der Red-

ner sollte seinen Vortrag immer entsprechend der veränderten Publikumsstruktur modifizieren.
Auch in der Informationsvermittlung gilt der rhetorische Grundsatz, den Wissensstand des Zuhörers nicht nur für sich zu analysieren, sondern – zu Beginn der Äußerung – auch auszusprechen. Es handelt sich hierbei um die Technik des überlappenden Einstiegs. Der Sprecher beschreibt in den ersten drei bis fünf Sätzen solche Inhalte, die dem Hörer bereits bekannt sind. Damit gibt der Redner dem Hörer einerseits eine Orientierung und fördert andererseits die Aufmerksamkeit.
Orientierung ist ein Grundbedürfnis des Menschen und führt in Kommunikationssituationen zu einer positiven, entspannten Gesprächsatmosphäre.

Wie sehr Bekanntes die Aufmerksamkeit fördert, wird deutlich, wenn man sich folgende Situation vorstellt: Person A läuft an den Personen B und C vorbei, die gerade ins Gespräch vertieft sind. Im Vorübergehen hört A Wortfetzen, die zu einem Thema passen, mit dem er sich gerade beschäftigt. Automatisch wird A hellhörig und eventuell eine Bemerkung machen oder sich in angemessenem Rahmen in das Gespräch einschalten. Hätten sich Person B und C über ein A unbekanntes Thema unterhalten, wäre das nicht passiert.

Neben Orientierung und Aufmerksamkeitsförderung bewirkt ein überlappender Einstieg die Entwicklung einer Zustimmungshaltung beim Gesprächspartner: Hört er Bekanntes, wird er innerlich – vielleicht auch äußerlich – nicken und damit Einverständnis zeigen. Diese positive Einstellung zu Beginn eines Vortrags oder Redebeitrags hält dann wahrscheinlich längere Zeit an. Damit ist eine günstige Ausgangssituation für die Akzeptanz neuer Kommunikationsinhalte gegeben.

Nach dem rhetorisch optimalen Beginn einer Äußerung können im weiteren Verlauf des Redebeitrags andere Techniken angewendet werden, die die Informationsaufnahme und -verarbeitung beim Zuhörer erleichtern. Solche Techniken beziehen sich auf Kriterien der Verständlichkeit, die Reihenfolge der Redeabschnitte als induktive oder deduktive Äußerungsform und die non-direktiven und direktiven Kommunikationsstile.

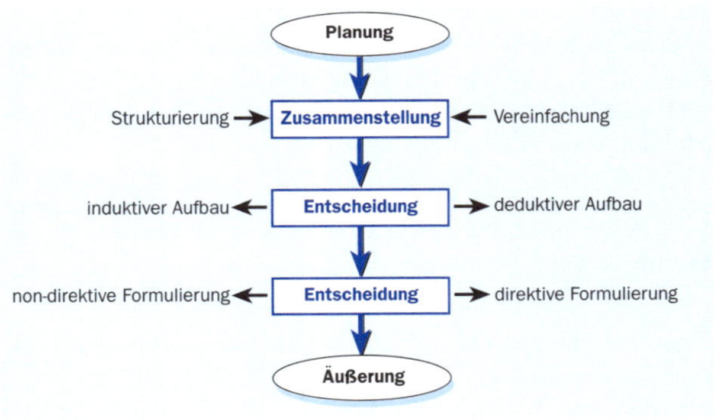

Aufbau einer Äußerung

3.2 Kriterien der Verständlichkeit

Verständlich sein bedeutet, Informationen so zu gestalten, dass die Form ihrer Darstellung das Verstehen beim Hörer positiv beeinflusst.
Aus der Wahrnehmungspsychologie wissen wir:

> Inhalte können dann schnell verarbeitet werden, wenn sie einerseits stark strukturiert und andererseits eher vereinfacht angeboten werden.

Strukturierung

Überblick

Der erste Aspekt einer strukturierten Äußerung ist der Überblick über das, was ein Sprecher sagen will. Der Zuhörer sollte genau wissen, welche Inhalte ihn erwarten. Dazu gehört zuerst die Benennung des Themas, das der Redebeitrag behandelt.

Danach sollte begründet werden, warum überhaupt über das Thema gesprochen werden muss. Insbesondere in Diskussionsrunden wird die Themenbegründung häufig vergessen und stattdessen direkt mit der Erklärung einer bestimmten Meinung zum Thema begonnen.

Ein Zuhörer sollte zunächst wissen, warum es grundsätzlich notwendig ist, sich mit Steuerpolitik zu beschäftigen (Thema), bevor er nachvollziehen kann, dass eine höhere Neuverschuldung in der laufenden Legislaturperiode unumgänglich ist (Meinung).

Zum Überblick gehört auch, einzelne Schwerpunkte der Äußerung kurz anzukündigen. Eine solche Ankündigung erfüllt den gleichen Zweck wie die Gliederung in Vorträgen. Die Zuhörer können zu jedem Zeitpunkt der Rede abschätzen, wo sie sich gerade innerhalb der Gesamtäußerung befinden.
Für längere Redebeiträge bietet es sich an, die Gliederung zusätzlich mit einer Zeitangabe zu versehen.

Der so entstandene rote Faden erhöht die Aufmerksamkeit, das Verstehen und die Behaltensleistung beim Publikum.

Die Bedeutung der Gliederung, auf die optimaler Weise innerhalb eines Vortrags immer wieder Bezug genommen wird, lässt sich in einem kleinen Versuch veranschaulichen: Man halte eine 30-minütige Rede zwei Mal vor unterschiedlichem Publikum.

- Beim ersten Mal wird ohne Gliederung eine halbe Stunde gesprochen.
- Beim zweiten Mal wird den Zuhörern kurz vor Ende gesagt, dass der Vortrag jetzt noch fünf Minuten dauert und in dieser Zeit der letzte Punkt besprochen wird.

Anschließend überprüft man in einer schriftlichen Aufgabe, was die Zuhörer von den Inhalten des letzten Punktes verstanden und behalten haben. Es wird sich herausstellen, dass die zweite Gruppe hier deutlich besser abschneidet als die erste Gruppe.

Man könnte an dieser Stelle einwenden, dass Gliederungen in einer kurzen Äußerung, z.B. in einem Diskussionsbeitrag, wohl übertrieben wären. Das ist sicher dann der Fall, wenn das Statement nur drei Sätze lang ist.

Sobald die Äußerung jedoch einen Zeitrahmen von etwa einer halben Minute überschreitet, ist ein Überblick in Form einer kurzen Ankündigung sinnvoll.

Strukturierungssignale

Der ausgiebige Einsatz so genannter Strukturierungssignale ist der zweite Aspekt der allgemeinen Strukturierung von Äußerungen. Bezieht sich ein Überblick auf den gesamten Redebeitrag, können Strukturierungssignale als Gliederungshinweise innerhalb einzelner Abschnitte betrachtet werden.
Strukturierungssignale bestehen aus Wortgruppen – zumeist Gegensatzpaare, wobei das Benennen des ersten Wortes zwingend die Benennung des zweiten Wortes nach sich zieht. Der Gesprächspartner hört also das erste Wort und weiß, dass im weiteren Verlauf der Äußerung ein bestimmtes zweites Wort folgen wird. Dadurch ist er orientiert und hat eine Vorstellung davon, was ihn formal in diesem Äußerungsabschnitt erwartet.

Erstes Signalwort	Zweites Signalwort
Entweder	Oder
Einerseits	Andererseits
Früher	Heute
Pro	Contra
Befürworter	Kritiker
Zuerst	Danach
Allgemein	Speziell

Beispiele für Strukturierungssignale

Damit Strukturierungssignale ihren Sinn wirklich erfüllen, sollte der Sprecher sie in seinem Redebeitrag durch starke Betonung und durch unterstützende Gestik hervorheben. Findet eine solche Verstärkung nicht statt, werden Gliederungshinweise vom Hörer häufig überhört.

Als Gesten bieten sich – je nach Strukurierungssignal – an:

- Bei der Ankündigung und Aufzählung von Punkten kann er mit den Fingern parallel zum Gesagten mitzählen.
- Gliedert er in „entweder ... oder", zeigt er mit den Händen erst zur einen, dann zur anderen Seite.
- Eine Strukturierung wie „allgemein ... speziell" kann unterstützt werden, indem erst ein imaginärer großer Ball und dann ein kleiner Ball mit den Händen geformt wird.

Zusammenfassung

Der dritte Aspekt der Strukturierung von Äußerungen ist die konsequente Zusammenfassung des Gesagten. Schon in kurzen Redebeiträgen ist der Zuhörer mit einer Vielzahl verschiedener Informationen konfrontiert. Nicht immer fällt es leicht, die entscheidenden Informationen herauszufiltern. Häufig werden vom Hörer auch andere Inhalte als wichtig erachtet als vom Sprecher intendiert.

> Ein Redner sollte deshalb seinen Zuhörern den schwierigen Prozess der Schlussfolgerung abnehmen und am Ende seines Beitrags eine Quintessenz des Gesagten anbieten.

Diese Zusammenfassungen dürfen natürlich nicht so lang sein, dass sie selbst wieder zu einem eigenständigen Redebeitrag werden. In der Rhetorik sprechen wir deshalb von der Botschaft in einem Satz.

Bei längeren Redebeiträgen sollten Zusammenfassungen nicht nur ein Mal am Ende des Vortrags angeboten werden. Günstig ist hier, auch die Inhalte einzelner Redeeinheiten abschließend zu komprimieren und zu bewerten. Die Gesamtzusammenfassung eines Vortrags wird dann natürlich länger als einen Satz ausfallen, sollte jedoch den Umfang von etwa fünf Sätzen nicht übersteigen.

Stringenter Aufbau

Der stringente Aufbau einer Äußerung ist der vierte und letzte Aspekt der Strukturierung. Häufig kann man in Redebeiträgen das Gegenteil – so genannte Schleifen innerhalb der Äußerung – beobachten.

Dem Sprecher fällt während seines Beitrags auf, dass er zu seinem letztgesagten Punkt noch eine Ergänzung hat. Er geht deshalb erst in seiner Gliederung noch einmal zurück und springt dann wieder zum aktuellen Teil seines Beitrags. Eine andere häufig beobachtete Variante ist, dass Sprecher ihren eigenen Äußerungen vorgreifen und zu einem späteren Thema bereits im Vorfeld so umfangreich reden, dass es die reine Ankündigung weit überschreitet. Plötzlich brechen sie dann ab und reden zum aktuellen Teil weiter.

Redebeiträge mit Schleifen verwirren den Zuhörer und machen die Orientierung schwer. Werden Inhalte hingegen Schritt für Schritt angeboten, kann der Hörer besser folgen und die Informationen sind leichter zu verstehen.

Vereinfachung

Neben der Strukturierung ist die Vereinfachung das zweite Kriterium für verständliches Sprechen.

Kürze der Äußerung

Zur Vereinfachung gehört zuerst die Kürze der Äußerung. Sie bezieht sich einerseits auf den gesamten Redebeitrag und andererseits auf die Länge einzelner Sätze.

> Die Länge eines Vortrags sollte sich immer genau nach den zeitlichen Vorgaben richten.

Spricht man über die angekündigte Länge hinaus, wird in der Überziehungszeit die Aufmerksamkeit der Hörer rapide abnehmen. Möglicherweise beginnen einige Zuhörer damit, ihre Sachen zu packen, oder schleichen sich sogar aus dem Raum. Da der Eindruck, den der Redner zum Schluss seines Vortrags macht, im Nachhinein am meisten in Erinnerung bleibt, ist es natürlich sehr ungünstig, ein Bild zu hinterlassen, in dem Zuhörer unaufmerksam sind oder nach und nach die Veranstaltung verlassen. Gibt es keine zeitlichen Vorgaben, sollte der Sprecher sich selbst ein Limit setzen, wenn seine Äußerung umfangreicher als drei Minuten sein wird. Länger als drei Minuten wird ein Zuhörer ohne zeitliche Orientierung nicht aufmerksam sein können. In Diskussionsrunden sollte man hingegen Statements, die den zeitlichen Rahmen von einer Minute überschreiten, vermeiden. Spricht jemand länger, so werden die anderen Teilnehmer in der Diskussion unruhig. Wahrscheinlich beginnen ab diesem Zeitpunkt verschiedene Strategien der Unterbrechung. Sobald sich ein Zuhörer jedoch auf das Unterbrechen konzentriert, wird er den Inhalten das aktuellen Sprechers keine große Aufmerksamkeit mehr schenken.

Die Länge einzelner Sätze orientiert sich bei vielen Sprechern zu sehr an der Schriftsprache. Im Gegensatz zum Zuhörer kann ein Leser jedoch in seinem eigenen Tempo vorgehen und nach Belieben schwierige Passagen mehrmals lesen. Ein Hörer bekommt ein Tempo vorgegeben und muss alles beim ersten Mal verstehen. Deshalb gilt:

> Die Sätze der gesprochenen Sprache müssen deutlich kürzer sein als die der Schriftsprache.

Der Hörer (und bisweilen der Sprecher selbst) weiß sonst am Ende des Satzes nicht mehr, wie der Anfang war.
Als Orientierung für die Satzlänge dienen die Hinweise aus dem ersten Kapitel. Dort wird als optimaler Satzbau eine Struktur vorgeschlagen, die aus der Verbindung zweier Hauptsätze oder der Verbindung zwischen einem Hauptsatz und einem Nebensatz besteht. Hält man diese Struktur ein, werden Sätze automatisch kürzer und damit leichter verständlich.

Konkretheit der Äußerung

Ein weiterer Aspekt der Vereinfachung ist die Konkretheit der Äußerung. Im allgemeinen Sprachgebrauch zeigen sich häufig abstrakte Ausdrücke. Das sind beispielsweise substantivierte Wörter mit Endungen wie -heit, -keit, -ionismus etc., unter denen sich verschiedene Personen unterschiedliche Dinge vorstellen.

Ihre Bedeutung ist möglicherweise so weit gefasst, dass

- der Sprecher nicht sicher weiß, ob die Inhalte wirklich in der von ihm intendierten Bedeutung beim Hörer ankommen,
- dem Hörer die Aufmerksamkeit für die nachfolgenden Inhalte fehlt, da er zu sehr damit beschäftigt ist, die abstrakten Begriffe mit einer stimmigen Bedeutung zu versehen.

Beides wirkt sich gleichermaßen ungünstig auf die Informationsvermittlung aus.

Ein Sprecher sollte Ausdrücke seines individuellen Sprachgebrauchs auf ihre Abstraktheit hin überprüfen und zu konkreten, beschreibenden Ausdrücken umwandeln.

Ein Kaufhaus in München wirbt z.B. für seine große Kundenorientiertheit (abstrakt) durch den Satz: „Fünf vor acht – Herzlich willkommen!“ (konkret).

Andere Beispiele für die Umwandlung abstrakter in konkrete Begriffe finden sich hier:

Abstrakter Begriff	Beispiel für konkrete Beschreibung
Zufriedenheit mit dem Vortrag	alle Informationen bekommen haben, die man braucht
Eitelkeit	ständig in den Spiegel schauen
Borniertheit	andere Meinungen nicht verstehen wollen
Bewandtnis	worum es geht
Erkenntnis	was verstanden (und akzeptiert) wird

Beschreibungsmöglichkeiten für abstrakte Begriffe

Auswahl bestimmter Informationen

Ein letzter Aspekt der Vereinfachung von Redebeiträgen ist die Auswahl von Informationen. Sprecher neigen häufig dazu, während eines Diskussionsbeitrags oder während eines Vortrags ihren Assoziationen freien Lauf zu lassen. Sie sagen alles,

was ihnen zu einem bestimmten Punkt gerade einfällt. Dabei wird nicht mehr beachtet, welche Informationen für das Thema entscheidend oder welche Inhalte lediglich Zusatzinformationen sind. Die Aufgabe, Wichtiges von Unwichtigem zu unterscheiden, wird dem Hörer überlassen, der damit wahrscheinlich überfordert ist.
Nicht nur für das Verstehen des Zuhörers ist eine mangelnde Auswahl der Information von Nachteil. Auch der Sprecher macht sich durch dieses Vorgehen das Leben schwer. Sagt er bereits in seinem ersten Statement alles, was er überhaupt zu einem Thema zu sagen hat, kann er auf Nachfragen oder Gegenargumente lediglich mit der Wiederholung von bereits Gesagtem reagieren. Dabei wird er weder einen fachlich kompetenten noch rednerisch brillanten Eindruck hinterlassen. Daher gilt in der Rhetorik der Grundsatz:

Sage immer nur 60 Prozent von dem, was du weißt!

3.3 Induktiver und deduktiver Äußerungsaufbau

Die Reihenfolge der einzelnen Äußerungseinheiten sollte zwar stringent sein, kann aber gleichzeitig variabel gehalten werden.

- Stringenz bedeutet, dass die Abschnitte schlüssig aufeinander folgen.
- Variabilität heißt in diesem Zusammenhang, dass der Sprecher die Wahl hat, ob er das Thema bzw. die Schlussfolgerung seines Redebeitrags an den Anfang oder das Ende seiner Äußerung setzt.

Je nachdem für welchen Aufbau er sich entscheidet, handelt es sich um eine deduktive oder induktive Äußerungsform.

Stellen Sie sich vor, Sie möchten in einer Diskussionsrunde die Meinung vertreten, dass eine effektive Kommunikation zwischen Männern und Frauen grundsätzlich nicht möglich ist. Sie haben nun zwei Möglichkeiten, Ihre Äußerung aufzubauen:

Deduktiver Aufbau	Induktiver Aufbau
1. Schritt: „Ich glaube, Männer und Frauen können sich einfach nicht verstehen.“ (Thema, Aussage)	1. Schritt: „Erst neulich habe ich in einem Kaufhaus folgende Szene beobachten können …“ (Veranschaulichung)
2. Schritt: „Lassen Sie mich dazu ein Beispiel nennen. Erst kürzlich habe ich folgende Szene in einem Kaufhaus beobachtet …“ (Erklärung, Veranschaulichung)	2. Schritt: „Schon dieses Beispiel macht deutlich, dass sich Männer und Frauen einfach nicht verstehen.“ (Aussage als Schlussfolgerung)

Deduktiver versus induktiver Aufbau

Der deduktive Aufbau ist die klassische Variante. Auch dieses Buch ist bislang ausschließlich deduktiv aufgebaut. Die Hauptaussage der Äußerung wird zu Beginn genannt, danach folgen Informationen, Meinungen, Begründungen oder Beispiele. Vorteil dieser Vorgehensweise ist die starke Orientierung des Zuhörers. Dieser weiß von Anfang an, worum es geht, und kann sich gut auf die Rede einstellen. Schwierig ist es hingegen, einen Beitrag spannend zu halten: Ist vorher schon klar, worüber gesprochen wird, so ist die Überraschung im Verlauf des Redebeitrags natürlich nicht groß.

Der induktive Aufbau lässt den Zuhörer über das Ziel der Rede erst einmal im Unklaren. Meist werden zu Beginn Anekdoten erzählt oder es wird auf aktuelle Themen Bezug genommen. Klassisch ist auch der Anfang: „Jeder von Ihnen kennt bestimmt die Situation …“. Hierbei handelt es sich um die Technik der Bezugnahme auf mögliche Erlebnisse der Zuhörer. Vorteil des induktiven Aufbaus ist die erzeugte Spannung. Die Zuhörer fragen sich, worauf der Sprecher hinaus will; die Aufmerksamkeit ist in diesem Abschnitt sehr groß. Kritisch wird es hingegen, wenn die induktive Komponente über einen längeren Zeitraum beibehalten wird. Dem Hörer ist es nicht möglich, das Gesagte einzuordnen und zu bewerten, denn er weiß nicht, welche Aussage mit den genannten Informationen gestützt werden soll. Hinzu kommt, dass induktive Strukturen nicht unserem gewohnten Lernverhalten entsprechen, denn bereits in der Schule wurde immer erst gesagt, worum es geht oder was falsch und richtig ist, und erst danach sollten die vermittelten Inhalte umgesetzt werden.

Da also sowohl der induktive als auch der deduktive Äußerungsaufbau Vorteile und Nachteile mit sich bringen, sollte der Sprecher in seiner Äußerung beide Aspekte integrieren und versuchen, sämtliche Vorteile zu nutzen. Eine Möglichkeit wäre hier beispielsweise, die Grobstruktur der Äußerung deduktiv zu gestalten, innerhalb der einzelnen Abschnitte jedoch induktiv und aufmerksamkeitsfördernd vorzugehen.

Übung

Überlegen Sie sich ein Sprichwort und eine Erläuterung zu diesem Sprichwort. Entwickeln Sie nun zwei Varianten: In der einen Variante nennen Sie das Sprichwort am Anfang (deduktiv), in der anderen Variante am Ende (induktiv). Diese Varianten erzählen sie nun zwei unterschiedlichen Zuhörern und lassen sich anschließend eine Rückmeldung darüber geben, wie gut die Zuhörer Ihnen jeweils folgen konnten und wie spannend sie Ihren Beitrag fanden.

3.4 Direktive und non-direktive Formulierung

Beobachten wir Sprecher, die nach ihrer Meinung gefragt werden, hören wir häufig die Floskel: „Ich würde sagen ...“.

Betrachtet man den verbalen Gehalt dieser Äußerung, wird ein Widerspruch deutlich: In dem Moment, in dem der Sprecher redet, tut er bereits etwas, belegt diese Tätigkeit aber gleichzeitig mit dem Konjunktiv „würde“. Konjunktivformen drücken jedoch Wahrscheinlichkeiten oder Möglichkeiten aus, nicht aber Tatsachen. Richtig wäre also ein Äußerungsbeginn wie „Ich sage ...“ oder „Ich meine ...“, denn der Sprecher sagt ja tatsächlich etwas.
Weist ein Redebeitrag viele Ausdrücke im Konjunktiv auf, so spricht man von einem non-direktiven Äußerungsstil. Vermeidet der Sprecher die Konjunktivform, äußert er sich direktiv.

Direktive Formulierungen zeigen eine einfache und eindeutige Satzstruktur. Der Sprecher legt sich mit dem, was er sagt, zweifelsfrei fest. Dadurch werden die Informationen für den Hörer unmissverständlich. Andererseits können direktive Formulierungen hart und autoritär wirken. Zudem wird der Sprecher durch die eindeutige Festlegung sehr angreifbar, denn er hat sich jede Rückzugsmöglichkeit verbaut.

Non-direktive Formulierungen sind mit vielen abschwächenden Ausdrücken in einem meist komplizierten Satzbau versehen. Zu den Abschwächungen gehören:

- Konjunktivformen wie „könnte“, „hätte“, „sollte“, „würde“,
- aber auch Wörter wie „vielleicht“, „eventuell“, „möglicherweise“, „eher“.

Der Sprecher ist hier mit seinen Äußerungen vorsichtig und legt sich nicht eindeutig fest. Für die Informationsvermittlung ist das von Nachteil. Der Hörer kann sich nicht sicher sein, ob ein Sachverhalt nun tatsächlich immer so ist wie benannt oder ob es verschiedene Ausnahmen gibt, für die der Sachverhalt nicht gilt. Solche Verunsicherungen wirken sich grundsätzlich negativ auf das Verstehen aus. Andererseits sind non-direktive Formulierungen nicht autoritär, sondern liberal. Die eigene Meinung wird weniger als Wahrheit, sondern mehr als Vorschlag vermittelt. Gemeinsame Entwicklungen einer neuen Ansicht sind nicht ausgeschlossen.

Direktive Formulierung	**Non-direktive Formulierung**
Da hast du Mist gebaut.	Da hast du dich wohl eher ungünstig verhalten.
So geht das aber nicht.	Das könnte doch auch anders gehen.
Was für eine blöde Idee.	Möglicherweise ist das keine so gute Idee.

Direktive und non-direktive Formulierungen

Entgegen dem gesellschaftlichen Trend, der seit den 70er Jahren vermehrt zu beobachten ist (Individualtität statt Autorität), ist in politischen Reden das Bemühen zu direktiven Formulierungen erkennbar. Der psychologische Hintergrund ist klar: Politiker wollen mit ihren Äußerungen eben gerade vermitteln, dass ihre Ansicht die einzig richtige ist.

Die Bevorzugung non-direktiver Formulierungen führt häufig zu einer etwas unreflektierten Verwendung in Kommunikationssituationen, in denen sie eigentlich unangemessen sind. Deshalb sagt der Sprecher: „Ich würde sagen ...“ statt „Ich sage ...“.

Wenn es sich im Rahmen der Informationsvermittlung um die Darstellung von Tatsachen und nicht von Meinungen handelt, sind Abschwächungen unpassend und für den Zuhörer verwirrend.

Auf den Punkt gebracht:

Im dritten rhetorischen Prozess, dem Informieren, geht es um die inhaltliche Gestaltung der Äußerung.

Ziel ist, dass der Gesprächspartner Inhalte leicht aufnehmen und gut im Gedächtnis behalten kann.

- Rhetorisch richtige Informationsvermittlung orientiert sich am Gesprächspartner. Im überlappenden Einstieg beschreiben die ersten Sätze bereits bekannte Inhalte. So wird der Hörer:
  - inhaltlich orientiert,
  - für das Thema aufmerksam,
  - in eine Zustimmungshaltung versetzt.
- Kriterien der Verständlichkeit sind
  - Strukturierung (Überblick anbieten; Strukturierungssignale einsetzen; Zusammenfassungen formulieren; stringente Reihenfolge der einzelnen Äußerungsabschnitte beachten)
  - Vereinfachung (kurze Sätze bilden; Zeitrahmen einhalten oder ankündigen; konkrete und beschreibende statt abstrakte und allgemeine Begriffe verwenden; nur das Wichtigste sagen)
- Induktive Äußerungsstrukturen zum Spannungsaufbau und deduktive Äußerungsstrukturen für eine starke Hörerführung verwenden.
- Formulierungsstile:
  - Direktive Formulierungen dienen der Darstellung von Autorität und sind zur Informationsvermittlung sinnvoll.
  - Non-direktive Formulierungen fördern „Gespräche auf gleicher Augenhöhe“ und dienen dem Aufbau einer guten Beziehung.

4 Vierter Prozess: Überzeugen

Wie Sie beim Gesprächspartner Zustimmung erreichen

Der rhetorische Prozess des Überzeugens geht über die reine Informationsvermittlung hinaus. Inhalte sollen nicht nur verständlich formuliert, sondern auch so dargestellt werden, dass der Zuhörer seine Meinung im Sinne des Sprechers entwickelt.
Bereits die verständliche Formulierung von Meinungen ist ein Aspekt der Überzeugungsarbeit, denn wenn dem Zuhörer Inhalte leicht zugänglich sind, wird er dem Sprecher eher folgen, als wenn er nicht recht versteht, was gesagt wurde.
Aus diesem Grund sind die rhetorischen Techniken des Informierens und Überzeugens nicht klar voneinander zu trennen. In diesem Buch bezieht sich die Überzeugungsarbeit auf ihren Hauptgegenstand, die Argumentation, sowie auf den Einsatz von Beispielen und Formulierungstechniken.

4.1 Engagement

Bevor sich ein Sprecher über seine Argumentation Gedanken macht, sollte er zuerst seine innere Einstellung zu dem Thema und zu seinem Gesprächspartner überdenken.

Ist der Sprecher von dem Thema oder einer Meinung zu dem Thema nicht absolut überzeugt oder ist es ihm nicht wirklich wichtig, ob ihm sein Gesprächspartner argumentativ folgt, wird er nur schwer überzeugen können.
Grund dafür ist, dass ein Zuhörer den emotionalen Zustand des Sprechers nachempfindet und so wahrscheinlich eine ähnliche Einstellung zum Thema und zur Person entwickelt wie dieser.

Zeichnet sich der Sprecher durch einen gelangweilten, wenig auf den Hörer ausgerichteten Kommunikationsstil aus, wird er nicht sehr überzeugend wirken. Zeigt er hingegen eine betonte Stimmführung, intensive Gestik, starken Blickkontakt und wählt dem Hörer angemessene Formulierungen und Begründungen, so ist die Wahrscheinlichkeit, dass die Überzeugung gelingt, deutlich größer.

Bisweilen versuchen Sprecher, die mangelnde eigene Überzeugung durch den bewussten Einsatz rhetorischer Elemente wie Betonung und Blickkontakt auszugleichen. Einem geübten und begabten Redner wird eine Überzeugung auf diesem Wege vielleicht auch gelingen. Der Laie hingegen wird schwer verbergen können, dass sein Verhalten nicht echt ist und er eigentlich nur spielt. Eine Überzeugung des Gesprächspartners ist unter diesen Voraussetzungen weniger wahrscheinlich. Deshalb sollte die Anwendung rhetorischer Mittel immer mit der Entwicklung der eigenen Einstellung einhergehen. Für die Überzeugungsarbeit bedeutet das:

> Man sollte Gesprächssituationen nicht mit Desinteresse, Angst oder Abscheu, sondern mit Freude, Begeisterung und einem angemessenen Drang zur Selbstdarstellung begegnen.

Rhetorisch überzeugende Verhaltensweisen werden dann ganz automatisch angewendet.

4.2 Was ist ein Argument?

Möchte ein Sprecher seinen Zuhörer überzeugen, stellt er zunächst eine Behauptung in den Raum. Die Behauptung allein ist jedoch noch keine Argumentation. Erst mit einer angemessenen Begründung wird die Behauptung stichhaltig. Fehlt die Begründung, wirkt der Sprecher schnell unsachlich und die Behauptung scheint wenig durchdacht.

In alltäglichen Gesprächen finden wir häufig unbegründete Behauptungen wie „Das finde ich nicht gut“ oder „Da bin ich gegen“. Ein rhetorisch gewandter Gesprächspartner reagiert dann mit der Frage nach dem Warum, bevor er mit der Argumentation für seine eigene Position beginnt. Hat der Sprecher sich die Begründung seiner Meinung nicht vorher überlegt, wird er bereits an dieser Stelle in die Enge getrieben.

Eine Behauptung mit Begründung ist die kleinste selbstständige Argumentationseinheit. Deshalb besteht die eigentliche Überzeugungsarbeit darin, stichhaltige und dem Gesprächspartner angemessene Begründungen zu entwickeln. Solche Begründungsstrukturen sind Inhalt der folgenden Kapitel.

4.3 Argumentationstendenzen

Argumentationstendenzen bezeichnen die Form einer Begründung in Hinblick auf die jeweilig zugrunde liegende Beweisebene. Sie lassen sich einteilen in plausible, rationale und ethische Argumentationen.

Beispiel: Stellen wir uns einen Mitarbeiter vor, der seine Forderung nach einem Firmenwagen gegenüber seinem Chef argumentativ vertreten möchte. Seine Behauptung lautet: „ Ich brauche einen Firmenwagen!“ Anhand der verschiedenen Argumentationstendenzen kann er nun seine Begründung („..., weil ...“) für diese Behauptung entwickeln.

Plausible Argumentation

Die plausible Argumentation möchte eine Behauptung anhand allgemeiner Erfahrungen, Traditionen oder Konventionen begründen. Zu diesem Zweck arbeitet sie mit Pauschalisierungen, Verallgemeinerungen und Übertreibungen.

Unser Mitarbeiter könnte plausibel argumentieren, indem er sagt: „..., weil man mit einem Firmenwagen einfach einen besseren Eindruck macht.“

Er beruft sich also auf die allgemeine Erfahrung, dass es wirkungsvoller ist, mit Firmenwagen beim Kunden zu erscheinen.

Vor- und Nachteile der plausiblen Argumentation:

- Auf der einen Seite ist die Begründung leicht eingängig. Der Hörer kann problemlos nachvollziehen, was der Sprecher meint. Intellektuelle Anforderungen an ihn sind nicht sonderlich groß.
- Auf der anderen Seite genügt nur eine gegensätzliche Erfahrung, um die Argumentation zu Fall zu bringen.

Möglich wäre der Einwand, dass Kunden es gerade schätzen, wenn Firmenvertreter umweltbewusst mit der Bahn anreisen. Auch der Einwand des Gesprächspartners, dass er diese Wirkung eines Firmenwagens auf Kunden noch nicht beobachtet hat, würde die Argumentation hinfällig machen.

Rationale Argumentation

Die rationale Argumentation begründet mit Zahlen, Daten, Fakten oder Statistiken. Der Sprecher appelliert an das logische Denken des Zuhörers.

Eine mögliche rationale Begründung des Mitarbeiters wäre: „..., weil ich ausgerechnet habe, dass ich insgesamt 87% und nicht nur 69% meiner Arbeitszeit tatsächlich beim Kunden verbringen könnte, wenn ich nicht den ungleich zeitaufwändigeren Reiseweg mit der Bahn nutzen müsste.“

Die Begründung besteht hier aus einem rechnerischen Vergleich. Dabei kommt es darauf an, die Zahlen tatsächlich auf den Tisch zu legen und nicht nur zu sagen, man glaube, es gäbe einen zeitlichen Vorteil des Autos gegenüber der Bahn.

Der Gesprächspartner müsste sonst nur erwidern: „Das kann ich mir nicht vorstellen!“ und schon wäre das Argument dahin.

Vor- und Nachteile der rationalen Argumentation:

- Vorteilhaft an dieser Argumentation ist die große Beweiskraft. Eine solche Begründung ist nur schwer zu entkräften, es sei denn, der Gesprächspartner kann eine Statistik aus der Tasche ziehen, die das Gegenteil aussagt.

- Nachteil ist, dass die Argumentation sehr kopflastig ist. Zuhörer lassen sich aber lieber überzeugen, wenn sie auch mit dem Bauch, also emotional, dabei sind.

Ethische Argumentation

Die ethische Argumentation beruft sich auf Wertvorstellungen oder Normen einer Gemeinschaft. Diese werden anhand von Schlagworten oder komplexen Begriffen wie z.B. Gerechtigkeit, Umweltschutz, Gesundheit, Wohl der Kinder, Gleichberechtigung etc. dargestellt.

Der Mitarbeiter könnte ethisch so argumentieren: „..., weil mein Kollege X, der die gleiche Arbeit macht wie ich, einen Firmenwagen fährt. Es wäre nur gerecht, für gleiche Arbeit auch gleiche Voraussetzungen zu schaffen."

Ethische Argumentationen greifen nur dann, wenn die Gesprächspartner tatsächlich gleiche Wertvorstellungen haben.

Vor- und Nachteile der ethischen Argumentation:

- Die ethische Argumentation hat die stärkste Überzeugungskraft. Wer sagt schon etwas gegen seine eigenen Werte. Die einzige Möglichkeit der Erwiderung besteht darin, entweder den bemühten Wert als nicht auf die Situation anwendbar auszulegen oder einen anderen Wert dagegenzustellen.
- Nachteil ist, dass ethische Argumentationen schnell pathetisch wirken.

Schlussfolgerung

Wägt man die Vor- und Nachteile der einzelnen Argumentationstendenzen gegeneinander ab, kommt man zu dem Schluss, dass es sinnvoll ist, die Begründungsstruktur für eine Behauptung immer auf mehreren Ebenen anzusiedeln.

Der Zuhörer sollte gleichermaßen leicht eingängige, logische und moralisierende Begründungen angeboten bekommen.

Auf diese Weise werden verschiedenste Verarbeitungsvorgänge angeregt und eine Überzeugung ist am wahrscheinlichsten. Entscheidend ist auch die Reihenfolge der Argumentationsschritte: Als günstig hat sich der Beginn mit plausiblen Begründungen erwiesen. Der Hörer soll sich zuerst leicht in die Argumentation einfinden. Danach ist eine Steigerung über die rationale bis zur ethischen Argumentation sinnvoll.
Bringt man ein schwächeres Argument hingegen erst im Anschluss an ein stärkeres, kommt die zweitgenannte Begründung nicht ausreichend zur Geltung, da sie von der vorangegangenen überlagert wird.

4.4 Argumentationsrichtungen

Neben der Form der Begründung ist auch die Auswahl von Argumenten, die einerseits für die eigene und andererseits gegen die andere Position sprechen, Bestandteil der Überzeugungsarbeit. Begründet ein Sprecher seinen eigenen Standpunkt, so handelt es sich um eine Pro-Argumentation, argumentiert er gegen den Standpunkt des Gesprächspartners, um eine Kontra-Argumentation.

Pro-Argumentationen

Pro-Argumentationen unterstützen die eigene Meinung. Der Sprecher argumentiert direkt auf sein persönliches Gesprächsziel hin. Er zeigt klar, was er will und warum er es will. Deshalb wirkt die Pro-Argumentation sehr konstruktiv. Der Sprecher erscheint ergebnisorientiert und tatkräftig.

Kontra-Argumentationen

Kontra-Argumentationen wenden sich gegen andere Meinungen und wollen diese widerlegen. Der Sprecher sucht

Gegenbehauptungen mit passenden Begründungen, die die Aussage des Gesprächspartners entkräften. Er argumentiert also indirekt in Bezug auf sein eigenes Gesprächsziel, denn er sagt nur, wogegen er ist, und nicht wofür. Kontra-Argumentationen sind in der Diskussion wichtig, denn mit ihnen werden die Äußerungen von Gesprächspartnern einer kritischen Betrachtung unterzogen. Gleichzeitig wirken sie aber schnell destruktiv. Der Sprecher wird als jemand wahrgenommen, der ständig an allem herummäkelt, aber selber keine Vorschläge macht.

> Optimal ist eine Argumentation dann, wenn sie sowohl mit Pro- als auch mit Kontra-Argumenten arbeitet. Dabei sollten die Pro-Argumente deutlich überwiegen.

Günstig ist ein Kontra-Einstieg, der von mehreren Pro-Argumenten gefolgt wird. So zeigt der Sprecher zuerst auf, dass die Gegenmeinung keineswegs begründet ist, hat damit die Legitimation einen neuen Vorschlag zu machen und kann zuletzt seine Äußerung mit einer positiven Fürsprache beenden.

Vorbereitung der Argumentation

Die optimale Vorbereitung einer argumentativen Auseinandersetzung umfasst also zwei Bereiche:

- Einerseits überlegt sich der Sprecher für seinen Standpunkt plausible, rationale und ethische Begründungen.
- Andererseits wird der Sprecher bereits im Vorfeld analysieren, welche Argumente mit welcher Begründungsstruktur er von seinem Gesprächspartner erwarten kann. Auf dieser Basis wird er Kontra-Argumentationen entwickeln, die wiederum auf plausibler, rationaler und ethischer Ebene liegen.

Rhetorisch besonders versierte Gesprächspartner überlegen sich darüber hinaus auch, welche Einwände (Kontra-Argumente) der Gesprächspartner denn gegen die eigenen Pro-Ar-

gumente haben wird. Auch dafür legen sie sich Erwiderungen zurecht. Es handelt sich dann sozusagen um eine Kontra-Kontra-Argumentation.
Folgende beiden Schemata verdeutlichen die jeweilige Vorbereitung:

	Eigene Behauptung	Fremde Behauptung	Eigene Gegenbehauptung
Argumente	Pro Vorbereitete Argumente	Erwartete Argumente	Kontra Vorbereitete Einwände
Plausibel			
Rational			
Ethisch			

Generelle Vorbereitung des Sprechers

	Eigene Behauptung	Fremde Gegenbehauptung	Eigene Widerlegung der Gegenbehauptung
Argumente	Pro Vorbereitete Argumente	Erwartete Einwände	Kontra-Kontra Vorbereitete Argumentation auf Einwände
Plausibel			
Rational			
Ethisch			

Vorbereitung des Sprechers auf mögliche Einwände

Übung

Überlegen Sie sich eine Forderung, die Sie an ein Familienmitglied oder einen Arbeitskollegen haben, beispielsweise: „Ich möchte, dass du heute Abend mit mir ins Kino gehst". Bereiten Sie Ihre Argumentation vor und nutzen Sie dafür die beiden Tabellen.

4.5 Mit Beispielen überzeugen

Neben der argumentativen Vorgehensweise ist die Arbeit mit Beispielen ein weiterer wichtiger Aspekt im Prozess des Überzeugens. Beispiele können Zusammenhänge anschaulich darstellen. Meinungen und Behauptungen werden in den persönlichen Erlebnishorizont des Zuhörers eingebettet. Sind Meinungen und Behauptungen die Theorie, so sind Beispiele die Praxis.

Betrachten wir die **Behauptung**: „Der Güterverkehr in Deutschland muss mehr auf die Schiene verlagert werden."

Mögliche **Argumentationen** können sein:

- „Dann wären die Straßen nicht mehr so voll." (plausibel)
- „Wie Sie hier sehen können, hat eine Untersuchung schwedischer Wissenschaftler gezeigt, dass bei einer Verlagerung von 20% des Lkw-Verkehrs auf die Bahn die Unfallgefahr im Bereich von Autobahnen um 10% abnimmt." (rational mit ethischer Tendenz)
- „Nicht nur, dass der immer größer werdende Verkehr Jahr für Jahr mehr Unfallopfer fordert. Besonders durch das steigende Lkw-Aufkommen wird unsere Luft und damit unsere Gesundheit immer mehr belastet." (ethisch)

Mögliche **Beispiele**

- „Gerade habe ich von Frau Meier gehört, dass sie bei einem Unfall, der durch einen Lkw verursacht war, ihren Sohn verloren hat."
- „Wer kennt das nicht: Sie fahren auf der Autobahn und jedes Mal, wenn Sie auf einer etwas engeren Spur an einem Lkw vorbei fahren, wird Ihnen Angst und Bange."

– „Sie müssen nur daran denken, wie angenehm eine Autobahnfahrt an Sonntagen ist,wenn keine Lkw fahren dürfen!“

Aus wahrnehmungspsychologischer Perspektive lässt sich die Wirkung von Beispielen leicht erklären:

> Während Argumente meist rein sprachlich verarbeitet werden, entsteht bei einem Beispiel im Kopf des Hörers ein Bild.

Er kennt die beschriebene Situation, zumindest potenziell, und kann sie damit mental durchspielen. Er versetzt sich also in die Lage der Person, die im Beispiel beschrieben wird. Genau das ist die Basis der Überzeugung: Kann sich ein Hörer vorstellen und nachempfinden, wie etwas tatsächlich abläuft, wird er den Tatbestand sehr wahrscheinlich akzeptieren und damit implizit auch der Behauptung des Sprechers folgen.

4.6 Mit Formulierungen überzeugen

Nicht nur Engagement, Argumente und Beispiele tragen zur Überzeugung des Zuhörers bei, auch die Art der Formulierung kann die Wirkung der Äußerung steigern. Eine die Überzeugung fördernde Formulierung geht über die verständliche Informationsvermittlung hinaus. Redebeiträge sind nicht nur klar und deutlich strukturiert, ihre Inhalte werden auch so gestaltet, dass Wortspiele das Gesagte besonders interessant machen. Was verbal gut zusammenpasst, wird auch inhaltlich als stimmig empfunden.

Die interessante und überraschende Formulierung von Inhalten ist schon seit jeher Bestandteil der Rhetorik. Die jeweilige Art der Formulierung folgt hier einer rhetorischen Figur. Deshalb wird dieser Teil rednerischen Verhaltens Figurenlehre genannt.

Die wichtigsten Figuren werden auf den folgenden Seiten vorgestellt.

Wiederholungsfiguren

In der Wiederholung wird ein Satzelement noch einmal aufgegriffen. Hierdurch wird das Gesagte eindringlicher.

Art der Wiederholungsfigur	Beispiel	Prinzip
Genimatio	„Das ist eine große, große Herausforderung!“	Ein Satzelement wird unmittelbar verdoppelt.
Anadiplose	„Lernen bedeutet Wissen, Wissen ist die Überlebensstrategie der Menschheit.“	Das Wort am Ende eines Satzes/Teilsatzes wird am Anfang des nächsten wiederholt.
Anapher	„Niemals werde ich aufhören zu kämpfen. Niemals werde ich mich beugen. Niemals werde ich meine Kameraden verraten!“	Mehrere Satzeinheiten beginnen mit dem gleichen Wort.
Epipher	„Ende gut, alles gut.“	Mehrere Satzeinheiten enden mit dem gleichen Wort.
Alliteration	„Milch macht müde Männer munter.“	Mindestens zwei Wörter in einem Satz oder Teilsatz beginnen mit dem gleichen Buchstaben.

Kürzungsfiguren

Bei Kürzungsfiguren werden Textteile durch Auslassungen gestrafft. Dadurch wirken sie überraschend, interessant und sind durch die Kürze besonders gut im Gedächtnis zu behalten.

Art der Kürzungsfigur	Beispiel	Prinzip
Ellipse	„Süddeutsche“ statt „Süddeutsche Zeitung“	Ein Wort oder eine Wortgruppe wird ausgelassen, wobei die Äußerung im Kontext trotzdem eindeutig zu verstehen ist.

Zeugma	„Ich führe ein Lotterleben und außerdem großartig!“ (Grammatikfehler) „Die Post geht langsam und das Leben schnell.“ (Bedeutungsfehler)	Die Verkürzung ist grammatisch oder von der Bedeutung her fehlerhaft und dadurch besonders überraschend.

Positionsfiguren

Die Stellung einzelner Wörter oder Wortgruppen im Satz entspricht bei Positionsfiguren nicht dem üblichen Sprachgebrauch. Diese Abweichung bewirkt eine große Aufmerksamkeit beim Zuhörer.

Art der Positionsfigur	Beispiel	Prinzip
Hyperbaton	„Dem unterhaltsamen, auch wenn das in der heutigen Veranstaltung keine Rolle spielt, Gastgeber sei Dank.“	Zwei grammatisch zusammengehörige Wörter werden durch die Zwischenschaltung anderer Satzteile getrennt.
Anastrophe	„Verdient soll unser Sieger gewinnen.“	Die Reihenfolge der Satzelemente wird vertauscht.
Hysteron proteron	„Wir sagen Ihnen schon heute, was Sie morgen wissen möchten.“	Die logische oder chronologische Reihenfolge im Satz ist verkehrt.
Parallelismus	„Das deutsche Schicksal: vor einem Schalter zu stehen. Das deutsche Ideal: hinter einem Schalter zu sitzen.“ (Tucholsky)	Mindestens zwei Satzeinheiten haben einen identischen Aufbau.
Chiasmus	„Die Macht war groß, klein war der Verstand.“	Zwei aufeinander folgende Satzteile zeigen genau die umgekehrte Reihenfolge.

Ersetzungsfiguren

Ersetzungsfiguren geben einem Gegenstand oder Sachverhalt einen anderen, nicht erwarteten Namen. Einerseits sind sie dadurch sehr poetisch, andererseits sind sie bereits Mittel zur Argumentation, denn je nachdem, welches Wort der Sprecher statt des eigentlichen Begriffs wählt, deutet er schon auf seine Meinung zum Thema.

Art der Ersetzungsfigur	Beispiel	Prinzip
Synonym	„Werk" statt „Buch"	Ein Wort wird durch ein gleichbedeutendes Wort ersetzt.
Metapher	„Du bist meine Sonne" statt „Du bist meine Frau"	Ein Begriff wird durch einen Begriff aus einem völlig anderen Kontext ersetzt, wobei der neue Begriff zusätzliche Eigenschaften aufweist, die durch seinen Gebrauch auf den alten, unausgesprochenen Begriff übertragen werden.
Metonymie	„Tempo" statt „Papiertaschentuch"; „Das Parlament stand Kopf" statt „Die Abgeordneten standen Kopf"	Ein Begriff wird durch einen nicht gleichbedeutenden Begriff aus dem selben Kontext ersetzt.
Ironie	„Ich bin begeistert" statt „Ich bin uninteressiert"; „Du bist ein Experte" statt „Du bist ein Nichtskönner"	Ein Begriff wird durch den genau entgegengesetzten Begriff ersetzt. Durch den Kontext und die Stimmführung des Sprechers wird die Äußerung als das Gegenteil des Gesagten gewertet.
Hyperbel	„Das habe ich schon 100 Mal gesagt" ; „Ich warte hier schon eine Ewigkeit"	Ein Begriff wird durch einen anderen Begriff ersetzt, der deutlich übertreibt.

Litotes	„Nicht übel!“ statt „Sehr gut!“; „Er ist nicht gerade schlau“ statt „Er ist dumm“	Ein Begriff wird durch einen anderen Begriff ersetzt, der das Gegenteil verneint. Damit wird der alte, unausgesprochene Begriff verstärkt.
Euphemismus	„In den Himmel kommen“ statt „Sterben“	Ein Begriff wird durch einen anderen Begriff ersetzt, der den Sachverhalt beschönigt.

Argumentationsfiguren

Argumentationsfiguren werden solche Formulierungen genannt, die bereits eindeutig auf das Überzeugungsziel hinsteuern.

Art der Argumentationsfigur	Beispiel	Prinzip
Rogatio	„Was kann man nun in einer solchen Situation tun? Ich werde es Ihnen sagen ...“	Der Sprecher stellt eine Frage, die er selbst beantwortet.
Exclamatio	„Ach!“; „Hört, Hört!“	Durch emotionalisierte Ausrufe wird dem Hörer eine bestimmte Einstellung zum Thema suggeriert.
Paralipse	„Hier soll nicht davon die Rede sein, wie fragwürdig sich die Opposition verhalten hat ...“	Durch direkten Hinweis darauf, was nicht gesagt werden soll, wird gerade das nicht Gesagte besonders hervorgehoben.
Klimax	„Gut, besser, am besten“; „Er kam, sah und siegte“	Das Gesagte wird in Stufenform gesteigert.
Antithese	„Himmel und Hölle“; „Der Tag geht, Johnnie Walker kommt.“	In einem Satz, einem Teilsatz oder einem Wort werden Gegensätze gegenübergestellt.

Auf den Punkt gebracht:

Im vierten rhetorischen Prozess, dem Überzeugen, soll der Zuhörer sich der Meinung des Sprechers anschließen.

- Nur wenn der Sprecher seine Argumente mit Engagement vorträgt, hat er eine überzeugende Ausstrahlung.
- Ein Argument besteht immer aus einer Behauptung und einer Begründung.
- Argumentationstendenzen bezeichnen die Ebene der Begründungsstruktur.
  - Plausible Begründungen berufen sich auf allgemeine Erfahrungswerte.
  - Rationale Begründungsstrukturen berufen sich auf Statistiken.
  - Ethische Begründungsstrukturen berufen sich auf gesellschaftliche Werte.
- Argumentationsrichtungen orientieren sich entweder an der Forderung des Sprechers oder an der Behauptung des Gesprächspartners.
  - Pro-Argumentationen unterstützen die eigene Meinung.
  - Kontra-Argumentationen wenden sich gegen die Meinung des Gesprächspartners.
- Beispiele fördern die Vorstellungskraft beim Hörer und fördern deshalb die Meinungsbildung.
- Stimmige Formulierungen machen Inhalte überzeugender.
  - Wiederholungsfiguren verdeutlichen durch Verdopplung.
  - Kürzungsfiguren lassen Satzelemente aus.
  - Positionsfiguren verändern die Reihenfolge im Satz.
  - Ersetzungsfiguren tauschen Wörter aus.
  - Argumentationsfiguren weisen auf das Ziel hin.

5 Fünfter Prozess: Lenken

Wodurch der Gesprächspartner sein Verhalten ändert

Mit der Überzeugung des Gesprächspartners hat ein Sprecher sein Ziel vielleicht noch nicht erreicht. Der Hörer kann inzwischen zwar inhaltlich folgen und geht mit der Meinung des Sprechers konform, er hat jedoch aus dieser Überzeugung noch keine Konsequenzen für sich selbst gezogen.

Ist eine Person überzeugt, stimmt sie lediglich zu. Ist sie hingegen gelenkt, verhält sie sich auch entsprechend ihrer neuen Überzeugung.

Stellen Sie sich eine Auseinandersetzung zwischen Freunden vor, von denen einer raucht, der andere aber nicht. Der Nichtraucher will den Raucher dazu bringen, sein Laster hinter sich zu lassen. Zu diesem Zweck kann er gut argumentieren, z.B. mit dem Wert Gesundheit (ethische Argumentation). Der Raucher ist mit der Argumentation einverstanden und gibt dem anderen völlig Recht, sein Verhalten verändert er jedoch nicht.

5.1 Ist Lenken Manipulation?

Manipulation bedeutet, eine andere Person zu bestimmten Dingen zu bringen, die sie eigentlich gar nicht will.
Die verschiedenen rhetorischen Techniken des Lenkens werden oft mit Manipulation gleichgesetzt. Der Vorwurf: Indem der Sprecher ein bestimmtes Redeverhalten zielgerichtet einsetzt, würde der Hörer, wenn er davon nichts weiß und das Ziel der Äußerung nicht erkennt, sozusagen überrumpelt.
Der Zusammenhang von Rhetorik und Manipulation wird in der Wissenschaft ausführlich diskutiert und als „das ethische Problem der Rhetorik" bezeichnet.

Moralische Verpflichtung des Sprechers

Heutzutage wird Rhetorik tatsächlich oft als Vorteil des Stärkeren verstanden. Professionelles Kommunikationsverhalten wird mit Durchsetzungsvermögen gleichgesetzt, koste es, was es wolle. Dieser Ansatz entspricht nicht dem ursprünglichen Ziel der Rhetorik: Hier soll sich der Sprecher in den Dienst der Sache stellen. Er soll verantwortungsbewusst kommunizieren und das Ziel seiner Äußerungen im Hinblick auf ihren Sinn für den Gesprächspartner überdenken. Es geht nicht darum, besser zu sein, sondern das Richtige zu tun. Die Nähe der Philosophie zur Rhetorik wird in dieser Forderung besonders deutlich.

> Nur wenn ein Sprecher sicher ist, auch zum Vorteil des Hörers zu handeln, sollte er den Prozess des Lenkens betreiben.

Natürlich kann ein Sprecher nicht mit Sicherheit wissen, was für den anderen gut ist. Entscheidend ist aber, ob ein Sprecher mit reinem Gewissen handelt oder nicht.

Eindeutige Unterscheidung zwischen Werkzeug und Verhalten

Selbst wenn der Sprecher nicht moralisch integer und dem Hörer gegenüber verantwortungslos handelt, ist nicht der Rhetorik Manipulation vorzuwerfen. Für sich allein genommen ist kein sprachliches Mittel gemein oder gefährlich. Erst durch seinen Gebrauch im jeweiligen Kontext kann sich daraus eine Waffe entwickeln. Manipulation ist demnach nicht der Rhetorik, sondern dem Sprecher anzulasten.

Denken Sie in diesem Zusammenhang an einen Mord durch Messerstiche. Kein Richter würde auf die Idee kommen, das Messer schuldig zu sprechen.

Potenzielle Gleichheit der Mittel

Wissen ist Macht. Diese Weisheit gilt auch für die Rhetorik. Wer rhetorisch versiert ist, hat bessere Chancen, seinen Gesprächspartner zu überzeugen.

Diese Ungleichheit wird häufig zum Anlass genommen, der Rhetorik einen manipulativen Charakter zu unterstellen. Dem kann jedoch entgegnet werden: Rhetorisches Wissen ist nicht versteckt, sondern potenziell jedem Menschen gleichermaßen zugänglich. Es liegt vor allem im Engagement der jeweiligen Person, sich rhetorisch zu bilden.
Selbstverständlich fördern oder behindern auch bestimmte gesellschaftliche Strukturen den Zugang zu Bildung für alle Menschen. Das gilt jedoch für alle Wissensbereiche, nicht nur für die Rhetorik.

5.2 Lenkungstechniken

Hat der Sprecher in einer Kommunikationssituation das Ziel, das Verhalten seiner Hörer zu verändern, so ist die Anwendung der folgenden Lenkungstechniken empfehlenswert. Dabei sollte jeder Redner beachten:

> Ein wichtiger Faktor für das Gelingen rhetorischer Anwendungen ist die Abstimmung einer bestimmten Technik auf den jeweiligen Zuhörerkreis und die entsprechende Situation.

Lenkungstechniken

Wahlmöglichkeiten aufzeigen

Menschen ändern oder entwickeln ihr Verhalten dann gern, wenn sie einerseits das Gefühl haben, sie selbst hätten eine Entscheidung getroffen, und andererseits diese Entscheidung über ein Ja oder Nein hinausgeht. Wird ihnen hingegen lediglich ein wünschenswertes Verhalten vorgegeben, das man nur befürworten oder ablehnen kann, fällt die Veränderung deutlich schwerer.

Will eine Frau einen Mann dazu bewegen, zum Abendessen zu bleiben, so könnte sie fragen: „Bleibst du zum Essen?" Besser wäre es jedoch, in die Frage eine Auswahl zu integrieren, die eine positive Entscheidung des Mannes bereits voraussetzt: „Isst du lieber italienisch oder japanisch?" Der Mann hat nun eine Wahl, wird aber zu einer positiven Antwort getrieben, da die im Kontext nicht folgerichtige Antwort „Nein" besonders schwer fällt.

> Ein lenkender Sprecher sollte also das gewünschte Verhalten in mindestens zwei Wahlmöglichkeiten präsentieren.

Der Hörer wird so mit seiner Entscheidung von einer passiven zu einer aktiven Person. Der erste Schritt zur Verhaltensänderung ist gemacht.

Wertungskriterien anbieten

Ein Sprecher kann vorgeschlagene Verhaltensvarianten auch für den Hörer bewerten. Dabei richtet sich die Bewertung einerseits nach den Interessen des Gesprächspartners, ist aber andererseits so gewählt, dass sie dem Lenkungsziel des Sprechers gerecht wird.

Möchte ein Gewerkschaftsmitglied den Mitarbeiter einer Firma dazu bringen, für den Streik zu stimmen, könnte er z.B. sagen: „Es kommt darauf an, was du willst. Möchtest du den reichen Chefs immer mehr Geld in den Rachen werfen oder möchtest auch du dir mal ein bisschen mehr leisten können?"

> Entscheidend ist dabei, dass der Sprecher aus den vielen möglichen Bewertungsaspekten ausschließlich die auswählt, die in seinem Sinn sind.

Das von ihm nicht gewünschte Verhalten wird negativ bewertet, das von ihm gewünschte Verhalten hingegen positiv. Außerdem hebt der Sprecher hervor, dass die Entscheidung beim Hörer liegt, auch wenn das bei dieser Bewertung nur scheinbar so ist.

Konsequenzen darstellen

Von Geburt an entwickelt der Mensch sein Verhalten nach dem Prinzip der Belohnung oder Bestrafung. Einerseits verfestigen wir das Verhalten, für das wir belohnt werden oder mit dem wir Bestrafung vermeiden. Andererseits legen wir ein Verhalten, für das wir nicht belohnt oder sogar bestraft werden, wahrscheinlich ab. Dabei sind Belohnungsaussichten wirkungsvoller als die Androhung von Bestrafung. Dieses Prinzip macht sich auch die Rhetorik zunutze.

> Will der Sprecher seine Zuhörer für ein bestimmtes Verhalten gewinnen, sollte er die positiven Konsequenzen, die das gewünschte Verhalten für die Hörer mit sich bringt, deutlich herausstellen.

Das Belohnungs- und Bestrafungsprinzip funktioniert nur unter zwei Bedingungen:

- Erstens muss der Sprecher die gleiche Vorstellung von positiver oder negativer Konsequenz haben wie seine Hörer.
- Zweitens dürfen im Kontext keine anderen Konsequenzen existieren, die das Verhalten der Hörer stärker beeinflussen.

Möchte ein Chef seinen Mitarbeiter an einem bestimmten Tag für zwei Überstunden gewinnen und bietet ihm dafür an, am Freitag früher ins Wochenende zu gehen, funktioniert diese Belohnungsaussicht dann nicht, wenn der Mitarbeiter z.B. ein Fußballfan ist und es für ihn wesentlich erstrebenswerter ist, an besagtem Tag ins Stadion zu gehen, statt ein längeres Wochenende zu haben.

Kompetenzen beschreiben

Menschen richten ihr Verhalten häufig nach dem Verhalten ihrer Vorbilder. Psychologen nennen diese Vorgehensweise Lernen am Modell. Das kann man sich auch in der Rhetorik zu Nutze machen.

> Der lenkende Sprecher stellt seine Kompetenzen so dar, dass der Hörer diese Kompetenzen als erstrebenswert erachtet.

Damit hat der Sprecher für den Hörer eine Vorbildfunktion. Der Hörer ist nun bemüht, sich ähnlich wie der Sprecher zu verhalten, um gleiche Kompetenzen zu erlangen. Wichtig sind auch hier zwei Dinge:

- Der Sprecher darf seine Kompetenzen nicht bewerten („Das war eine großartige Leistung von mir!“), sondern sollte Tätigkeiten beschreiben („Der Vertragsabschluss in London war dann nach zwei Tagen hieb- und stichfest.“). Positive Bewertungen eigener Verhaltensweisen wirken schnell arrogant und selbstverliebt. Der Hörer würde sich in dem Fall wahrscheinlich eher vom Sprecher und damit auch vom gewünschten Verhalten distanzieren.
- Die Darstellung der eigenen Kompetenz darf nicht den größten Teil der Äußerung einnehmen. Besser ist es, sie in Nebensätzen zu verstecken. Der Hörer soll schließlich den Eindruck haben, dass es um ihn geht und nicht um die Selbstdarstellung des Sprechers:

„Ich war beim Abschluss mit der Firma XY in einer ähnlichen Situation wie Sie ...“ oder „Nach den vielen Jahren in diesem Job sehe ich die Sache heute so ...“

Kompromisse finden

Die meisten Menschen streben nach Bestätigung. Sie wollen in ihrem persönlichen Umfeld und in der Gesellschaft akzeptiert und gemocht werden. Deshalb bevorzugen sie solche Verhaltensweisen, die von der Mehrzahl der Kontaktpersonen als wünschenswert eingestuft werden. Extremes Verhalten versuchen sie hingegen zu vermeiden.

> Der lenkende Sprecher nutzt diese Denkstruktur, indem er das gewünschte Verhalten als Kompromiss verkauft.

Dem gewünschten Verhalten steht in der realen Situation immer das Nicht-Verhalten gegenüber: Ein Hörer kann sich so verhalten, wie der Sprecher es intendiert, oder eben nicht. Das Prinzip rhetorischer Kompromisse ist nun, eine weitere mögliche Verhaltensweise aufzuzeigen, die im Vergleich zum gewünschten Verhalten noch extremer ist. Auf diese Art entsteht der Eindruck, das Anliegen des Sprechers wäre der goldene Mittelweg. Dabei ist es unerheblich, ob die dritte Möglichkeit von Anfang an bestand oder nicht. Kreative Aufgabe des Redners ist ja gerade, eine Vielzahl möglicher Verhaltensweisen erst zu konstruieren.

Der Leiter einer Reinigungskolonne, der den Mitarbeitern vermitteln muss, dass sie zusätzlich zu ihrer üblichen Arbeit auch das benutzte Geschirr zu spülen haben, sagt in seiner Dienstanweisung: „Eigentlich erwarten Kunden heutzutage, dass nicht nur das Geschirr gereinigt wird, sondern auch, dass die Wege vor dem Gebäude sauber gehalten werden. Ich will von Ihnen nicht verlangen, die Straße zu kehren. Mit dem Geschirr müssen wir dem Kunden aber wenigstens entgegenkommen.“

5.3 Frageformen

Neben den Lenkungstechniken ist die Anwendung von Fragetechniken die zweite Möglichkeit, ein bestimmtes Verhalten beim Gesprächspartner zu initiieren. Ging es bei den Lenkungstechniken um das Verhalten im Anschluss an das Gespräch, so geht es bei den Fragetechniken um das Verhalten während des Gesprächs.

Durch die richtige Art des Fragens kann der Sprecher den Hörer in eine bestimmte Richtung lenken und damit den Fortgang der gesamten Kommunikation in seinem Sinne beeinflussen. Wer fragt, der führt!

> Eine hohe Gesprächskompetenz ist vor allem durch die Fähigkeit gekennzeichnet, im richtigen Moment die richtige Frage zu stellen.

Fragetechniken lassen sich systematisieren, durch die Einteilung in offene, geschlossene und halboffene Fragen und die Einteilung in Fragetypen

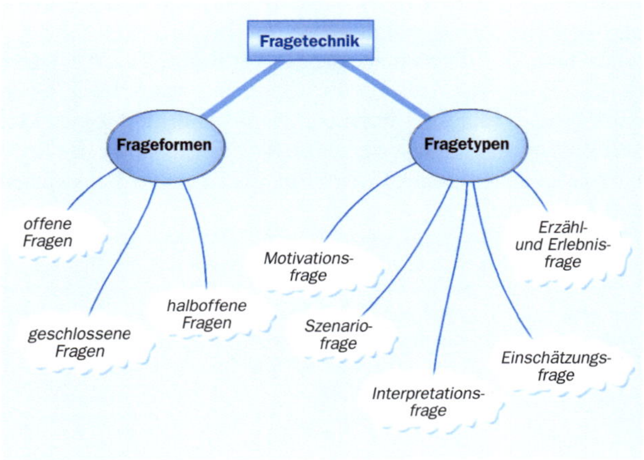

Frageformen und Fragetypen

Offene Fragen

Offene Fragen beginnen mit den typischen Fragewörtern Wie, Was, Wieso, Weshalb, Warum u.Ä. Offene Fragen können nicht mit „Ja“ oder „Nein“ beantwortet werden.

> Das Ziel offener Fragen ist eine ausführliche Antwort des Gesprächspartners. Dieser soll frei und ohne Einschränkung berichten können.

Offene Fragen bieten sich dann an, wenn der Gesprächspartner sehr zurückhaltend ist oder wenn der Frager für diese Phase des Gesprächs weniger Akteur, sondern mehr Beobachter sein möchte. Anhand von offenen Fragen kann sich der Frager – insbesondere zu Beginn einer Kommunikation – ein Bild über den Gesprächspartner und dessen Meinungen machen.

Denken Sie beispielsweise an ein Bewerbungsgespräch. Der Vertreter der Firma könnte den Bewerber fragen:

- „Wie sind Sie auf unsere Firma aufmerksam geworden?“
- „Was interessiert Sie gerade an unserer Firma?“
- „Wieso sollten wir Sie aus Ihrer Sicht einstellen?“

Teilweise werden alle so genannten W-Fragen als offene Fragen geführt. Da man auf die Fragen Wer, Wann und Wo jedoch mit einem einzigen Wort antworten kann, werden diese hier nicht als offene Fragen bezeichnet.

Übung

In manchen Radiosendern erfreut sich ein Gewinnspiel besonderer Beliebtheit: Ein Anrufer muss sich eine Minute lang mit dem Radiomoderator unterhalten und darf dabei weder „Ja“ noch „Nein“ sagen. Für die Übung offener Fragen kann man dieses Spiel leicht umwandeln. Versuchen Sie, eine andere Person eine Minute lang auszufragen. Dabei darf diese Person nie in die Verlegenheit kommen, mit „Ja“ oder „Nein“ zu antworten. Passiert es doch, haben Sie wahrscheinlich eine geschlossene Frage gestellt.

Geschlossene Fragen

Im Gegensatz zu offenen Fragen können geschlossene Fragen ausschließlich mit „Ja“ oder „Nein“ beantwortet werden.
Insbesondere bei sehr weitschweifigen Gesprächspartnern sind geschlossene Fragen von Vorteil, sie zwingen zu Knappheit und Kürze und animieren nicht zu einem weiteren Redeschwall.

Geschlossene Fragen sind auch sinnvoll, um Gesprächsergebnisse festzuhalten oder Gesprächspartner zu einer eindeutigen Stellungnahme zu bringen.

Innerhalb des gesamten Gesprächsverlaufs stehen geschlossene Fragen eher am Ende des Kommunikationsprozesses. Die zuvor ausgetauschten Informationen werden nun bestätigt. Beginnt ein Gespräch bereits mit geschlossenen Fragen, so kommt man meist nur stockend voran. Das Verhalten des Menschen ist hier mit der Arbeit eines Automotors vergleichbar. Beide müssen sich bis zur optimalen Funktion erst einmal „warmlaufen". Beim Menschen wird das Warmlaufen durch längere Äußerungsabschnitte zu Beginn des Gesprächs unterstützt.

Zum Ende einer Teambesprechung des Stationspersonals im Krankenhaus könnten von der Leitung folgende geschlossene Fragen gestellt werden:

- „Wir wollen also in der kommenden Woche die Visite eine Stunde früher ansetzen. Sind wir uns da einig?"
- „Herr Maier, Sie kümmern sich um die Neuzugänge. Einverstanden?"
- „Frau Müller, organisieren Sie die Weiterleitung der Protokolle?"

An diesen Beispielen ist gut zu erkennen, dass der Ton mit geschlossenen Fragen sehr scharf wird und nahezu autoritär wirkt. Dem Gesprächspartner wird indirekt gezeigt, dass seine Meinung im Moment nicht interessiert und er nur mit dem Nötigsten antworten soll.

Halboffene Frage

Die halboffene Frage markiert den Bereich zwischen offener und geschlossener Frage. Formal wird die Antwortmöglichkeit des Gesprächspartners wie in der geschlossenen Frage auf zwei Alternativen eingegrenzt. Inhaltlich sind die Alternativen aber wesentlich offener. Der Gesprächspartner kann sich nicht nur dafür oder dagegen, sondern zwischen zwei echten Verhaltensvarianten entscheiden. Die halboffene Frage begünstigt also einerseits eine klare Struktur und Festlegung im Gespräch. Andererseits wird, ähnlich der offenen Frage, durch die echte Wahl eine freie Gesprächsatmosphäre erzeugt, die der sozialen und persönlichen Komponente in der Kommunikation förderlich ist.

> Halboffene Fragen sind günstig, wenn der Sprecher langatmige Gesprächsabschnitte zu einer Entscheidung führen will und nicht streng, sondern liberal wirken will.

Im Mitarbeitergespräch mit dem Verkäufer eines Autohauses wären folgende halboffene Fragen denkbar:

- „Wollen Sie Kaffee oder Tee?“
- „Bezieht sich Ihre Kritik an Kollegen auf eine oder mehrere Personen?“
- „Sind Sie mit den Ergebnissen unseres Gesprächs zufrieden oder möchten Sie noch weitere Anliegen einbringen?“

Mit der Beantwortung der halboffenen Frage muss der Gesprächspartner seine Antwort in der Aktiv-Form formulieren („Ich bin mit den Ergebnissen zufrieden.“) Diese Antwortstruktur bewirkt einen für den Frager günstigen psychologischen Effekt: Formuliert ein Mensch Sachverhalte in Ich-Form, wird er seine Verantwortung für die Inhalte viel höher bewerten, als wenn er nur mit „Ja“ oder „Nein“ antworten würde. Dabei ist unerheblich, ob die Antwort bereits in die Frage integriert war.

Die Einteilung in Fragetypen finden Sie auf den nächsten beiden Seiten.

5.4 Reaktion auf kritische Fragen

Der kommunikationspsychologische Grundsatz „Wer fragt, der führt“ kann nur dann greifen, wenn sich der Befragte tatsächlich führen lässt. Ungeschulte Gesprächsteilnehmer können gut gestellten Fragen nur schwer ausweichen. Professionelle Sprecher hingegen verwenden häufig Techniken, um von unangenehmen Fragen wegzulenken.

Solche Techniken sind:

- Gegenfrage stellen
- Antwort auf Frage zurückstellen
- Frage zuerst nuanciert wiederholen und dann beantworten
- Perspektivenwechsel
- Bei Mehrfachfragen nur eine beantworten
- Zeit zur Antwort nehmen

Fragetypen

Neben der Grob-Einteilung in Frageformen gibt es die konkretere Einteilung in Fragetypen.

Je mehr Fragetypen ein Sprecher beherrscht, umso größer wird seine Flexibilität im Gespräch.

Motivationsfrage

Die Frage wird mit einem Lob oder der Wertschätzung für Leistungen/Tätigkeiten des Gesprächspartners begonnen. Dieses Schmeicheln motiviert zur ausführlichen Antwort. Günstig ist die Motivationsfrage bei schüchternen, zurückhaltenden oder wenig interessierten Gesprächspartnern.

Beispiel: „Sie haben sich in Ihrer Funktion ja besonders intensiv mit der Materie befasst, deshalb ist es besonders interessant, was Sie zu diesem Thema sagen ...“

Szenariofrage

In der Frage wird eine Bild gezeichnet, das den bisherigen – möglicherweise widersprüchlichen – Äußerungen des Gesprächspartners entspricht.
Durch diese bildhafte Vorstellung werden praktische Auswirkungen verdeutlicht. Der Befragte bietet meist von allein weitere Handlungsalternativen an.

Beispiel: „Stellen Sie sich vor, wir würden Ihre Ideen so in die Tat umsetzen. Was glauben Sie, was dann genau passieren würde ...?“

Interpretationsfrage

In diese Frage fließt die Bewertung von Gesagtem ein. Der Sprecher gibt in Frageform wieder, wie er die Äußerungen des Gesprächspartners aufgefasst hat. Die Interpretation kann dabei ruhig überspitzt sein, so wird die Frage eine noch größere Reflexion des Gesagten bewirken.

Beispiel: „Verstehe ich Sie richtig, Sie wollen denen, die am wenigsten verdienen, die größte Steuerlast aufbürden?"

Einschätzungsfrage

Die Frage fordert den Gesprächspartner direkt dazu auf, seine Sicht eines Sachverhalts auf den Tisch zu legen. Einschätzungsfragen sind sinnvoll, wenn Gesprächspartner sich nicht festlegen wollen.

Beispiel: „Wie ist denn Ihre Meinung zu diesem Thema?"

Erzähl- und Erlebnisfrage

Die Frage fordert keine Meinungen, sondern Berichte über Erfahrungen. Der Gesprächspartner muss nicht sofort und spontan Stellung beziehen, sondern kann die eigene Position im Laufe seiner Äußerung von den dargestellten Erfahrungen ableiten. Erzähl- und Erlebnisfragen eignen sich besonders, wenn Gesprächspartner noch keine eigene Meinung entwickelt haben.

Beispiel: „Sie waren ja sicher schon mal in der Situation ... Wie ist es Ihnen denn damals ergangen?"

Gegenfrage stellen

Die beliebteste Technik im Umgang mit schwierigen Fragen ist die Gegenfrage. Häufig wird hierbei jedoch der Fehler gemacht, die Gegenfrage in einem aggressiven Ton zu stellen. Damit zeigt der Gesprächspartner aber, dass er an einem wunden Punkt getroffen ist. Günstiger ist deshalb folgendes Vorgehen:

> Zunächst loben Sie die Frage als berechtigt. Erst danach stellen Sie eine Gegenfrage.

Diese kann z.B. den Gesprächspartner dazu auffordern, sich seine Frage selbst zu beantworten, da die bisher geäußerten Aspekte eine Antwort doch leicht machen würden.

Antwort auf die Frage zurückstellen

Insbesondere in monologen Kommunikationssituationen wird das Zurückstellen schwieriger Fragen häufig verwendet. Begründet der Redner die Rückstellung damit, dass er die Antwort im Moment nicht weiß, wirkt er wahrscheinlich inkompetent.
Begründet er die Rückstellung hingegen mit der Vermutung, dass sich die Frage im weiteren Verlauf seiner Äußerung sicher von selbst beantworten wird, wirkt er einerseits strukturiert und hat sich andererseits Zeit zum Überlegen geschaffen.

Frage zuerst nuanciert wiederholen und dann beantworten

Mit dieser Technik geht der Befragte nicht sofort auf die Frage ein, sondern gibt sie erst in eigenen Worten wieder.
Dabei stellt er genau die Aspekte der Frage heraus, die ihm besonders entgegenkommen. Die schwierigen Aspekte der Frage lässt er jedoch unter den Tisch fallen. Auf eine von ihm selbst umformulierte Frage kann der Sprecher nun leicht antworten.

Perspektivenwechsel

Der Perspektivenwechsel geht über die Umformulierung der Frage hinaus. Der Befragte zweifelt an, ob das mit der Frage berührte Thema dem eigentlichen Ziel des Gesprächs gerecht wird, und bietet stattdessen eine neue Frage an.

„Darum geht es doch hier gar nicht. Die entscheidende Frage ist doch viel mehr ..."

Bei Mehrfachfragen nur eine beantworten

Selbst unter Journalisten kommt ein Fehler in der Fragestellung besonders häufig vor: In der Äußerung wird nicht nur eine, sondern werden mehrere Fragen auf einmal gestellt. Diese Chance lassen sich insbesondere Politiker nicht nehmen. Sie beantworten ausschließlich die Fragen, die ihnen entgegenkommen. Die schwierigen Fragen werden einfach „überhört".

Zeit zur Antwort nehmen

Werden Menschen mit Fragen konfrontiert, neigen sie dazu, sofort und wie aus der Pistole geschossen zu reagieren. Häufig lassen sie den Frager nicht einmal ausreden. Diese Reaktion hat oft unüberlegte Antworten zur Folge. Der psychologische Hintergrund ist die Angst des Befragten, bei zu großer Pause inkompetent zu wirken.

Entscheidend ist aber, was der Befragte in der Pause macht. Er könnte beispielsweise ein nachdenkliches Gesicht machen, mit dem Kopf nicken, sich am Kinn kratzen und „interessant" murmeln, bevor er die Antwort gibt. So wirkt der Sprecher durch die Pause nicht inkompetent, sondern überlegt.

Auf den Punkt gebracht:

Im fünften Prozess, dem Lenken, versucht der Sprecher, das Verhalten des Gesprächspartners in seinem Sinne zu beeinflussen.

- Lenkungstechniken dienen der Steuerung des Verhaltens nach dem Gespräch.
  - Wahlmöglichkeiten erhöhen die Entscheidungsfreude.
  - Individuell bewertete Möglichkeiten werden gern realisiert.
  - Eine angemessene Belohnung motiviert den Hörer.
  - Ist der Sprecher ein Vorbild, wird der Hörer ihm nacheifern wollen.
  - Kompromisse werden eher realisiert als Extrempositionen.
- Mit bestimmten Frageformen kann die Ausführlichkeit der Antworten gesteuert werden.
  - Offene Fragen führen zu ausgiebigen Antworten.
  - Geschlossenen Fragen führen zu kurzen Antworten.
  - Halboffene Frage führen zu kurzen Antworten, ohne die Beziehung zu belasten.
- Mit der Anwendung bestimmter Fragetypen lenkt der Sprecher die Persönlichkeit des Hörers entsprechend.
  - Motivationsfragen machen Lust zur Antwort.
  - Szenariofragen führen zur Auseinandersetzung mit eigenen Aussagen.
  - Interpretationsfragen provozieren den Gesprächspartner.
  - Einschätzungsfragen führen zur Festlegung.
  - Erzähl- und Erlebnisfragen fördern die Meinungsbildung.
- Fragen müssen nicht (sofort) beantwortet werden. Mit geeigneten Techniken kann der Sprecher schwierigen Fragen ausweichen oder sie in eine andere Richtung lenken.

6 Sechster Prozess: Durchsetzen

Wie Sie mit schwierigen Gesprächspartnern umgehen

Kommunikationssituationen sind meist von Rede und Gegenrede gekennzeichnet. Auch wenn die klassische Rhetorik fordert, diesen Austausch als gemeinsame Suche nach der Wahrheit zu betrachten, ist in der Realität eher die egoistische Durchsetzung der eigenen Meinung das Gesprächsziel. Ein Buch über Rhetorik kann und soll keine ethisch-moralischen Einstellungen des Lesers formen oder Ansprüche an Umgangsformen stellen. Aber es kann auf Folgendes hinweisen:

Durchsetzung ohne Überzeugung währt nicht lang.

Rhetorische Techniken des Durchsetzens sind manchmal hart und nicht immer fair. Deshalb sollte sich der Sprecher gut überlegen, bei welchem Gesprächspartner und in welcher Situation er sie anwenden möchte. Nicht alle Techniken passen zu jeder Person. Auch hier der Rat: Nutzen Sie nur die Techniken, die Ihrer Persönlichkeit entsprechen.

6.1 Was bedeutet „sich durchsetzen“?

Rhetorische Techniken des Durchsetzens sind eher formale Techniken. Es geht nicht mehr um die Frage, wie Inhalte informativ, überzeugend und lenkend präsentiert werden, sondern darum, welche von den Inhalten unabhängige Techniken ein Sprecher einsetzen kann, um am Ende das zu bekommen, was er will. Man unterscheidet:

- Offensives Durchsetzen bedeutet, inhaltlich schwierigen Kommunikationssituationen mit formalen Techniken zu begegnen. Dieses Verhalten wird notwendig, wenn der Gesprächspartner inhaltlich so gut agiert, dass eine Gegenrede nahezu unmöglich ist. Will der Angesprochene seine Niederlage nicht eingestehen, arbeitet er nun mit rhetorischen Tricks, statt auf die Inhalte einzugehen.

- Defensives Durchsetzen ist der Umgang mit Gesprächspartnern, die – bewusst oder unbewusst – rhetorische Tricks einsetzen. Der Sprecher hat hier die Aufgabe, zuerst die Techniken zu erkennen, dann angemessen darauf zu reagieren und schließlich die Kommunikation wieder auf Inhalte zu lenken.

6.2 Kontroverse Gesprächssituationen meistern

Durchsetzen in kontroversen Gesprächssituationen

Streitgespräche und aufgeheizte Diskussionsrunden werden von den meisten Menschen als belastend empfunden. Ist ein Redner sehr gewandt und kann er Inhalte schlüssig und überzeugend präsentieren, stellt sich bei seinem Gesprächspartner schnell das Gefühl ein, keine Chance zu haben. Bei Anwendung der folgenden Gesprächstechniken kann ein Gesprächsteilnehmer reagieren, ohne dabei selbst Inhalte bringen zu müssen.

Forderungen oder Ansichten als Wunschdenken einstufen

In Streitgesprächen folgt auf die Äußerung einer Forderung oder Ansicht meist die Darstellung einer Gegenforderung oder Gegenansicht. Ist der Gesprächspartner inhaltlich überlegen, sollte man sich gar nicht erst auf die Gegenrede einlassen. Besser wäre es hier, der geäußerten Forderung zwar grundsätzlich zuzustimmen, sie aber gleichzeitig in den Bereich des Utopischen zu verweisen.
Damit wird einerseits suggeriert, dass zu dieser Ansicht kein Diskussionsbedarf besteht, denn die grundsätzliche Einigkeit ist ja vorhanden. Andererseits rückt sich der Sprecher in besseres Licht, denn er hat indirekt gezeigt, dass er sich im Gegensatz zum Gesprächspartner lieber an der Realität orientiert.

Beispiel: „Ich – und wahrscheinlich alle Menschen in diesem Land – sind da mit Ihnen völlig einer Meinung und wünschen uns diesen Zustand ebenso wie Sie. Aber unsere Wünsche sind das eine und die Realität das andere. Dass beide Seiten nicht immer zusammenpassen, haben Sie bestimmt auch schon bemerkt.“

Beispiele für Behauptungen fordern

Viele Gespräche bewegen sich im abstrakten Bereich. Themen werden theoretisch abgehandelt, ohne dabei die praktische Komponente zu betrachten. Die Praxis ist jedoch die Bewährungsprobe für jede Theorie. Deshalb ist es immer berechtigt, Beispiele für bestimmte Behauptungen einzufordern. Der Gesprächspartner hat nun zwei Möglichkeiten zu reagieren:

- Erstens kann er sagen, es fiele ihm gerade kein Beispiel ein. Diese Einfallslosigkeit kann nun wiederum als Beweis dafür verwendet werden, dass die Behauptung nicht stimmt.
- Zweitens kann der Gesprächspartner ein Beispiel nennen. Für jedes Beispiel gibt es aber ein Gegenbeispiel. Findet man nun ein solches Gegenbeispiel, wird automatisch auch die Behauptung hinfällig.

Beispiel: „Sie sagten gerade, unserer Abteilung wäre an Langsamkeit nicht mehr zu überbieten. Wann genau waren wir denn so langsam?“ ... „Gerade im letzten Sommer wurden wir von der Firma XY für unsere gute und schnelle Arbeit gelobt. Deshalb kann ich den Vorwurf der Langsamkeit beim besten Willen nicht nachvollziehen.“

Gesamtaussage bei unstimmigem Detail ablehnen

Eine Aussage enthält fast immer weitere Nebenaussagen. In diesen Nebenaussagen lassen sich oft kleinere Unstimmigkeiten finden. Meist tun diese Unstimmigkeiten nichts zur Sache. Werden Sie jedoch deutlich zur Sprache gebracht, steht der Gesprächspartner und damit auch seine Hauptaussage schnell als unglaubwürdig da.

Beispiel: „Sie sagten gerade, wir müssten die Gehwege besser sauber halten, weil Frau Meier, als sie gestern mit ihrem Hund spazieren war, über einen Stein gestolpert ist. – Frau Meier hat überhaupt keinen Hund. Was Sie hier schon wieder für Geschichten erzählen!“

Komplexe Begriffe definieren lassen

Ein sehr beliebtes Argumentationsschema ist der Gebrauch von Schlagwörtern. Redner flechten in ihre Äußerungen aktuelle Begriffe ein. Diese Begriffe sind zwar allgemein bekannt, über ihre Bedeutung und Interpretation im jeweiligen Kontext besteht jedoch nicht unbedingt Übereinstimmung. Benutzt ein Redner solche Begriffe, suggeriert er, auf der Höhe der Zeit zu sein, und nutzt diesen Eindruck als Stütze seiner Aussage. Der Gesprächspartner kann die Stärke dieser Argumentation durchbrechen, indem er den Redner zur Darstellung seiner Interpretation des komplexen Begriffs auffordert. So muss der Redner konkreter werden und bietet damit automatisch mehr Angriffsfläche.

Beispiel: „Sie reden hier die ganze Zeit von der Flexibilität, die wir mit der neuen Organisationsstruktur erreichen. Verraten Sie uns doch endlich, was sich in unserer konkreten Situation hinter dem Begriff Flexibilität versteckt. Dann wüssten wir, wie sich unsere Arbeit in nächster Zeit tatsächlich verändert."

Argumente umdrehen

Rhetorisch besonders geschickt ist es, die Äußerungen eines Redners gleich als Begründung für die entgegengesetzte Position zu benutzen. Häufig wird diese Umkehrung des Arguments mit den Worten: „Gerade deshalb ..." eingeleitet. Auf diese Weise wird dem Redner indirekt ein logischer Fehler unterstellt und damit die gesamte Argumentation in Zweifel gezogen.

Beispiel: „Ich soll dich nicht kritisieren, weil ich dich sonst verunsichere? Gerade weil ich dir helfen will, eine sichere Person zu werden, sage ich dir ohne Umschweife, wie du auf andere wirkst."

Eigene Zuständigkeit ablehnen

Den Satz: „Tut mir leid, aber dafür bin ich nicht zuständig" haben die meisten von uns schon einmal gehört. Häufig folgen auf eine solche Äußerung Wut und Aggression. Grund dafür ist, dass durch die Verneinung der Zuständigkeit jede Argumentation ins Leere läuft. Selbstverständlich ist das für denjenigen, der das Anliegen vorgetragen hat, sehr ärgerlich. Der, der sich so von der Verantwortung frei gemacht hat, hat keine Verpflichtung mehr, inhaltlich zu argumentieren.

Beispiel: „Ich würde diese Arbeit schon für dich übernehmen. Ich weiß nur nicht, ob das im Sinne des Chefs ist. Ich kann das wirklich nicht entscheiden, da musst du den Chef schon selber fragen."

Einwände als ausdiskutiert bezeichnen

Eine weitere Möglichkeit, inhaltliche Auseinandersetzungen zu umgehen, ist das Anzweifeln der Notwendigkeit einer Diskussion. Der Sprecher weigert sich hier, inhaltlich Stellung zu beziehen, weil die Diskussion schon oft genug geführt worden ist. Damit behauptet er indirekt, dass die Äußerung des Gesprächspartners nicht effektiv wäre, und steht damit selbst als derjenige da, der rational und zielführend denkt.

Beispiel: „Über diese Frage ist an anderer Stelle schon so oft ergebnislos diskutiert worden. Das würde uns hier und heute doch nicht anders gehen. Lassen Sie uns lieber über wirklich neue Aspekte reden."

Die Form beanstanden

Kommunikationssituationen laufen immer in einem spezifischen Kontext ab. Nicht nur Räumlichkeiten und Gesprächsteilnehmer, sondern auch die Art, wie über etwas gesprochen wird, sind vom Kontext bestimmt. Möchte ein Sprecher sich nicht auf eine inhaltliche Diskussion einlassen, so kann er die durch den Kontext bestimmten Größen kritisieren und diese als den Grund, nicht zu antworten, darstellen. Mit dieser Technik wirkt der Sprecher loyal und um die guten Sitten bemüht.

Beispiel: „Ich möchte mich eigentlich nicht zu diesem Thema äußern. Herr Müller, um den es hier schließlich geht, ist nicht einmal anwesend. Ich finde, das gehört sich nicht."

Gefühlsappellen mit Sachlichkeit begegnen

Die Erkenntnis, dass Menschen gleichermaßen rational und emotional funktionieren, ist heute Allgemeinwissen. Der Sprecher kann sich diesen unstrittigen Sachverhalt zunutze machen, indem er auf emotionalisierte Meinungen oder Forderungen mit der Bitte um Sachlichkeit reagiert, statt inhaltlich Stellung zu beziehen. Damit wird dem Gesprächspartner indirekt unterstellt, seine Äußerungen wären nicht ausreichend durchdacht, sondern nur aus dem Bauch heraus getroffen.

Beispiel: „Auch wenn ich die Aufregung verstehen kann, denke ich, dass uns Emotionen an dieser Stelle nicht weiterhelfen. Wir sollten jetzt zu den Sachaspekten zurückkehren ..."

Sachlichkeit als Gefühllosigkeit beanstanden

Ein Sprecher kann nicht nur die Emotionalität, sondern gegebenenfalls auch die gefühllose Sachlichkeit seines Gesprächspartners kritisieren. Diese Technik lässt den Ansprechpartner nun als gefühllosen Faktendrescher erscheinen, der mit Menschen umgeht wie mit Plastikfiguren.

Beispiel: „Ist Ihnen eigentlich bewusst, dass wir hier über das Schicksal von Menschen reden? Sie sollten sich einmal überlegen, wie sich unsere Belegschaft fühlen würde, wenn sie Ihre kühl kalkulierten Worte hören könnte."

6.3 Andere unterbrechen – selbst nicht unterbrochen werden

Bevor es zur Anwendung der bisher genannten rhetorischen Techniken kommen kann, muss der Sprecher erst einmal zu Wort kommen. Gerade in aufgeheizten Gesprächen ist das keine Selbstverständlichkeit. Je größer die Emotionen und das En-

gagement, umso öfter fallen sich die Gesprächsteilnehmer gegenseitig ins Wort.
In dialogen Kommunikationssituationen übernehmen Menschen abwechselnd die Rolle des Hörers und die des Sprechers. Deshalb haben wir es in Bezug auf Unterbrechungen auch mit zwei Situationen zu tun:

- Erstens versuchen wir, selber ans Wort zu kommen,
- zweitens sind wir bemüht, auch am Wort zu bleiben.

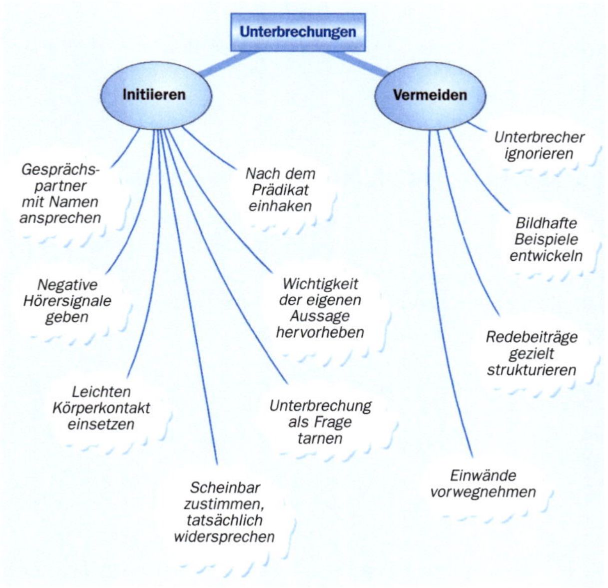

Andere unterbrechen, selbst nicht unterbrochen werden

Andere unterbrechen

Die Unterbrechung von Gesprächspartnern ist nicht jedermanns Sache. Viele Menschen empfinden Unterbrechungen als den Gipfel der Unhöflichkeit. Werden sie dann selbst unterbrochen, ist die Gesprächsatmosphäre schnell vergiftet. Deshalb darf ein Buch über Rhetorik nicht zum plumpen Dazwischenreden auffordern.

> Aus rhetorischer Perspektive hat ein Gesprächsteilnehmer dann professionell unterbrochen, wenn der andere die Unterbrechung nicht unbedingt als solche wahrnimmt.

Der rhetorisch geschulte Gesprächsteilnehmer wendet Unterbrechungstechniken so an, dass der Sprecher mehr oder weniger von allein aufhört zu reden.

Gesprächspartner mit Namen ansprechen

Hört ein Mensch seinen eigenen Namen, ist das ein besonders großer Aufmerksamkeitsreiz für ihn. Dieser Aufmerksamkeitsreiz hat bei den meisten Menschen ein kurzes Innehalten zur Folge. Es entsteht eine Pause, in der der Sprecher nun mit seiner Äußerung einsetzen kann.

Negative nonverbale Hörersignale geben

Im Kapitel Konzentrieren wurde die Bedeutung positiver Hörersignale für einen Sprecher bereits erörtert. Das Nicken oder ein kurzes „mhm“ bestätigt den Sprecher und fordert ihn zum Weiterreden auf.
Hörersignale müssen jedoch keineswegs immer positiv sein. Schüttelt der Hörer beispielsweise den Kopf, wendet den Blickkontakt ab, macht mit der Hand eine abwinkende Bewegung oder atmet bei kritischem Gesichtsausdruck hörbar tief ein, wird der Sprecher sehr wahrscheinlich irritiert sein und seine Äußerung von allein unterbrechen.

Leichten Körperkontakt einsetzen

Wenn man von der Begrüßung mit Handschlag absieht, findet Körperkontakt zwischen Menschen entweder dann statt, wenn sie sich besonders gut verstehen – sie werden dann intim – oder wenn sie sich überhaupt nicht verstehen – sie kämpfen mitei-

nander. Beide Situationen erfordern von den beteiligten Personen höchste Aufmerksamkeit. Deshalb wird auch ein Redner seine Aufmerksamkeit auf den Hörer lenken, wenn dieser plötzlich Körperkontakt zu ihm aufnimmt.
Als ein guter Mittelweg zwischen Aufmerksamkeitserzeugung und Distanzlosigkeit hat sich eine leichte Berührung am Unterarm erwiesen.

Scheinbar zustimmen, tatsächlich widersprechen

Unterbrechungen sind wenig erfolgreich, wenn sie für den Sprecher eindeutig als Widerspruch zu erkennen sind. Hat der Sprecher den Eindruck, seine Argumente werden gleich widerlegt, so schiebt er lieber erst noch ein paar andere Argumente hinterher, bevor er den Gesprächspartner ans Wort kommen lässt.
Anders ist es hingegen, wenn der Sprecher den Eindruck hat, die Unterbrechung ist von Zustimmung gekennzeichnet. In diesem Fall besteht für ihn kein Anlass zur weiteren Argumentation. Deshalb sollte der Unterbrecher seine Äußerung mit zustimmenden Worten wie „Ja“ und „Genau“ beginnen, auch wenn er diese mit einem „und“ im Anschluss zu entgegengesetzten Positionen ausführt.

Unterbrechung als Frage tarnen

Ein guter Redner fühlt sich von Fragen nicht verunsichert, sondern geschmeichelt. Eine Frage bedeutet schließlich die Anerkennung seiner Kompetenz. Der Sprecher wird sich deshalb gerne von einem Frager unterbrechen lassen.
Optimal ist die Einleitung der Unterbrechung mit den Worten: „Dazu habe ich mal eine Frage ...“. Hierbei sollte der Frager auf seinen Tonfall achten, denn daran erkennt der Sprecher, ob die Frage echt oder eigentlich nur ein Vorwurf ist.

> Die Kunst ist nun, in unschuldigem Tonfall zu beginnen und erst nach dem Einleitungssatz die Frage mit der Gegenargumentation zu verknüpfen.

Wichtigkeit der eigenen Aussage hervorheben

Bestimmte Reizwörter können beim Sprecher einen Aufmerksamkeitsimpuls erzeugen. Benutzt der Unterbrecher zu Beginn seiner Äußerung Wörter, die seine Äußerung als für alle Beteiligten besonders wichtig erscheinen lassen, wird er wahrscheinlich zu Wort kommen. Diese Wichtigkeit der eigenen Äußerung kann mit verschiedenen Formulierungen ausgedrückt werden.

- „Ganz wichtig ist in diesem Zusammenhang ..."
- „Interessant ist doch hier ..."
- „Besonders bedeutsam muss für uns sein ..."
- „Entscheidend für das Thema ist ..."
- „Was wir auf jeden Fall beachten müssen ..."

Erst nach Aussprechen des Prädikats einhaken

Auch der Zeitpunkt der Unterbrechung ist wichtiges Kriterium für ihren Erfolg. Besonderer Bedeutung kommt dabei dem Prädikat des Hauptsatzes zu. Das Prädikat stellt die Relation zwischen den einzelnen Satzobjekten her und enthält damit die Hauptaussage des Satzes. Ist das Prädikat erst einmal ausgesprochen, so hat der Redner den Eindruck, das Wichtigste gesagt zu haben. Er wird sich an dieser Stelle leichter unterbrechen lassen.

Guter Unterbrechungszeitpunkt

„Ich und kein anderer in dieser Runde entscheide, was ich zu tun habe."

Schlechter Unterbrechungszeitpunkt

Nicht unterbrochen werden

Was nutzt es dem Sprecher, wenn er ans Wort gekommen ist, es aber gleich wieder verliert? Um seine Meinung im Gespräch deutlich zu machen, muss ein Sprecher nicht nur Unterbrechungstechniken einsetzen, sondern gleichermaßen vermeiden, dass er selber unterbrochen wird.

Einwände vorwegnehmen

Eine der wichtigsten Techniken, um nicht unterbrochen zu werden, ist die eigene Formulierung der wahrscheinlichen Unterbrechungsinhalte. Meist wird hierfür die Formulierungen: „Sie werden sicher gleich einwenden ...“ gebraucht.
Indem der Sprecher selber benennt, was der Unterbrecher sagen will, hat er ihm den Grund für seine Unterbrechung genommen. Mit dieser Technik hat der Sprecher außerdem die Chance, sofort Gegenargumente gegen den Einwand zu bringen. So wird das Argument, bevor es überhaupt vom Unterbrecher ausgesprochen ist, bereits entkräftet. Genau dieses Argument kann dann nicht mehr in das Gespräch eingebracht werden – es ist bereits ausdiskutiert.

Redebeiträge gezielt strukturieren

Auch die klare Strukturierung der eigenen Äußerung macht eine Unterbrechung für den Gesprächspartner schwer. Kündigt ein Sprecher beispielsweise zu Beginn seiner Äußerung an, dass er jetzt drei Punkte sagen möchte, und es kommt an dieser Stelle kein Einspruch, ist es sehr unwahrscheinlich, dass er nach der Ausführung des ersten Punktes unterbrochen wird.
Andere Strukturierungssignale haben eine ähnliche Wirkung. Wird das erste Strukturierungswort („Entweder“) in einer Äußerung ausgesprochen, warten Gesprächspartner erfahrungsgemäß darauf, auch das zweite Strukturierungswort („oder“) zu hören.

Bildhafte Beispiele entwickeln

Ein Sprecher hat verschiedene Möglichkeiten, seine Meinung argumentativ zu vertreten. Möchte er dabei nicht unterbrochen werden, sollte er anhand eines Beispiels argumentieren.
Zeichnet der Sprecher das Bild einer bestimmten Situation („Lassen Sie mich kurz erzählen, welche Auswirkung die Um-

setzung meiner Forderungen im Betrieb hatten ..."), werden die Zuhörer sich die beschriebene Szene tatsächlich vorstellen. Ihr eigener, unbewusster Drang zur Vervollständigung des Bildes wird sie daran hindern, den Sprecher zu unterbrechen.

Unterbrecher ignorieren

Bahnt sich ein Einwand an, tendiert der Sprecher zu verstärkter Aufmerksamkeit gegenüber dem Unterbrecher. Der Sprecher möchte durch eine besonders eindringliche Anrede den Einwand vermeiden. Im Umgang mit Kindern mag das funktionieren. Im Streitgespräch zwischen Erwachsenen tritt aber häufig genau das Gegenteil ein: Die starke Zuwendung ermutigt erst zur Unterbrechung!
Findet das Gespräch in größerer Runde statt, hat der Sprecher die Möglichkeit, durch bewusste Abwendung vom Störenfried der gesamten Gesprächsrunde zu suggerieren, dass die Meinung des Unterbrechers hier niemanden interessiert. Wenn der Sprecher den Unterbrecher nicht anschaut, wird der Unterbrecher wahrscheinlich auch von niemanden aus der Runde angeschaut.

> Ohne Aufmerksamkeit verstummt auch die sicherste Person.

6.4 Umgang mit emotionalen Angriffen

Nicht nur im privaten, sondern auch im beruflichen Umfeld haben wir es immer wieder mit emotionalen Gesprächen zu tun. Häufig wird dabei eine Person kritisiert. Ist die Kritik begründet und in fairer Form vorgetragen, wird sich kein Mensch an ihr stören. Im Gegenteil: Die meisten Menschen stehen konstruktiver Kritik sehr positiv gegenüber.
Anders verhält es sich bei unfairer Kritik. Vergreift sich der Kritiker im Ton oder begründet seine Behauptungen nicht,

wird seine Äußerung fast immer als Angriff verstanden. Intuitiv reagieren die meisten Menschen nun mit einem Gegenangriff. Das ist menschlich verständlich, aus kommunikativer Sicht jedoch nicht zielführend. Die Situation wird sich immer mehr zuspitzen.
Professionelles Kommunikationsverhalten bedeutet, auf emotionale Äußerung nicht ebenfalls emotional zu reagieren. Das gilt natürlich nur für den Fall, dass der Sprecher ein sachliches, ergebnisorientiertes Gespräch zum Ziel hat. Ist sein Ziel jedoch, dem Angreifer in nichts nachzustehen und ihn gleichermaßen zu verletzen, wird er seinen Emotionen freien Lauf lassen und kein Blatt vor den Mund nehmen.

An dieser Stelle sollen Techniken vorgestellt werden, mit denen der Sprecher die emotionale Situation nicht verschärft und gleichzeitig den Angriff abwehrt.

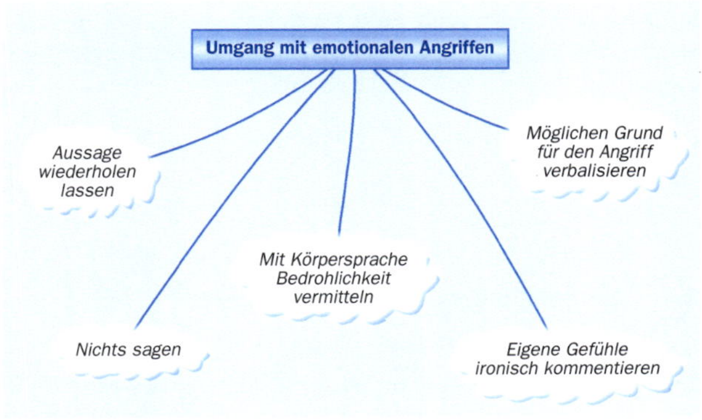

Umgang mit emotionalen Angriffen

Aussage wiederholen lassen

Unfaire Kritik wird meist spontan geäußert. In der Spontaneität rutschen dem Sprecher dann auch sehr harte Formulierungen heraus. Nicht selten erschrickt sich der Kritiker im Nachhinein über seine eigenen Worte. Mit der Aufforderung zur Wiederholung des Angriffs wird das Spontane aus der Äußerung genommen. Der Kritiker ist nun gezwungen, über das Gesagte nachzudenken. Fast immer wird er deshalb bei der Wiederholung wesentlich mildere Worte finden.

Bei der Aufforderung zur Wiederholung darf der Sprecher nicht aggressiv wirken. Sonst versteht der Kritiker die Aufforderung als Gegenangriff und wird noch deutlicher. Günstiger ist ein überraschter und ungläubiger Tonfall.

Beispiel: „Entschuldigung, ich bin mir nicht sicher, ob ich Sie richtig verstanden habe. Könnten Sie das noch einmal wiederholen?"

Nichts sagen

Die Bestrafung durch Nichtbeachtung ist eine besonders harte, aber auch elegante Form der Zurechtweisung. Psychologen sprechen hier – natürlich in einem anderem Kontext – von Liebesentzug. Grundsätzlich geht es darum, sich in Situationen, die üblicherweise eine bestimmte Reaktion hervorrufen (in diesem Fall Zuwendung), nicht erwartungsgemäß zu verhalten und damit den Gesprächspartner zu verunsichern.

Im Kontext allgemeiner Kommunikationssituationen geht der Gesprächspartner nicht mit der kleinsten Regung auf den verbalen Angriff ein, schaut dem Kritiker in die Augen, schweigt und führt dann das Gespräch weiter, als wäre nichts gewesen. Falls das Gespräch in größerer Runde stattfindet, wendet er sich zusätzlich vom Kritiker weg und den anderen Gesprächsteilnehmern zu.

Mit Körpersprache Bedrohlichkeit vermitteln

Angriffe entstehen nicht nur in dialogen, sondern auch in monologen Kommunikationssituationen. Für diesen Fall kann der Redner sein Abwehrverhalten mit Körpersprache unter-

stützen. Dabei nutzt er die unterschiedliche Augenhöhe zwischen ihm und dem sitzenden Publikum aus.
Größenunterschiede wirken in der normalen Vortragsentfernung aufmerksamkeitsfördernd: Der Sprecher ist gut zu sehen. Tritt ein stehender Mensch jedoch sehr nah an einen sitzenden Menschen heran, so wirkt das auf die sitzende Person äußerst unangenehm und nahezu bedrohlich. Die Lust an der Auseinandersetzung wird unter diesen Voraussetzungen schnell schwinden. Deshalb sollte der Redner nah an den Angreifer herantreten und ihn von oben herab freundlich dazu auffordern, seine Anliegen doch bitte in einem angemessenen Ton vorzubringen.

Eigene Gefühlslage ironisch kommentieren

Understatement ist in der Rhetorik immer ein probates Mittel. Auch im Umgang mit Kritikern kann die abschwächende Darstellung der eigenen Persönlichkeit durchaus von Vorteil sein. Dabei appelliert der Sprecher indirekt an das moralische Empfinden des Angreifers: Wenn jemand schon auf dem Boden liegt, wird nicht mehr nachgetreten!
Der Sprecher verbalisiert deutlich seine Betroffenheit über die Kritik. Der rhetorische Trick dabei ist, die Verletztheit ironisch, also mit einem Lächeln im Gesicht, vorzubringen. Damit steht der Sprecher keineswegs als schwache Person da und der Angreifer ist von den unterschiedlichen Botschaften wahrscheinlich so verunsichert, dass er lieber nichts mehr sagt.

> Beispiel: „Herr Meier, wenn Sie weiter so harte Worte für mich finden, kann ich die nächsten drei Nächte vor Gram nicht schlafen! Schonen Sie mich doch wenigstens ein bisschen!“

Möglichen Grund für den Angriff verbalisieren

Nicht immer möchte der Betroffene die Kritik abschmettern, sondern lieber erfahren, was die Ursache der Kritik ist. Auch wenn der falsche Ton aus jeder Äußerung einen Angriff machen kann, muss das eigentliche Anliegen nicht zwingend unbegründet sein. In den meisten Fällen entsteht Emotionalität nicht einfach so, sondern hat einen Grund, auch wenn dieser in der konkreten Situation nicht offensichtlich ist.

> Gelingt es dem Kritisierten, seine eigene Betroffenheit zurückzustellen und auf den Angreifer einzugehen, besteht die Chance, ein Problem von Grund auf zu lösen.

Dazu muss natürlich das zeitliche und persönliche Umfeld gegeben sein.

Um aus der Emotionalität herauszukommen und sich der Sachlichkeit zuwenden zu können, sollte der Betroffene in drei Schritten vorgehen:

1. Verständnis: Rückmelden, dass die Kritik angekommen ist und ernst genommen wird.
2. Motivation: Darstellen, dass das Thema für einen selbst so wichtig ist, dass man mehr dazu erfahren möchte.
3. Sachlichkeit: Nachfragen, was die Ursache des Ärgers / der Emotion ist.

6.5 Schlagfertigkeit

Eines der wichtigsten Anliegen von Teilnehmern in Rhetorikseminaren ist der Wunsch, schlagfertig zu sein. Sie möchten in Kommunikationssituationen spontan, witzig und geistreich agieren, statt bei schwierigen Äußerungen überrascht, sprachlos und verklemmt vor ihren Gesprächspartnern oder Zuhörern zu stehen. Über Schlagfertigkeit sind schon viele Bücher geschrieben worden, aber noch niemand war allein nach der Lektüre dieser Literatur schlagfertig. Das liegt nicht unbedingt an der mangelnden Qualität solcher Bücher, sondern vielmehr am Wesen der Schlagfertigkeit.

Schlagfertigkeit bedeutet:
- kreativ mit Worten umzugehen und
- dabei innerhalb kürzester Zeit auf die Äußerung des Gesprächspartners zu reagieren.

Diese beiden Erfordernisse, verbale Kreativität und Schnelligkeit, sind von zwei Aspekten bestimmt, der Wissensproblematik und der Zugriffsproblematik.

Die Wissensproblematik

Als Wissensproblematik wird folgender Umstand bezeichnet:

> Menschen können nur dann schlagfertig sein, wenn ihr Wissensschatz das Potenzial für Schlagfertigkeit hergibt.

Wie soll ein Sprecher spontan aus dem momentan Kontext der Kommunikation einen Vergleich zu einer anderen Situation ziehen, wenn er keine vergleichbaren Situationen kennt?

Wenn ein Sprecher beispielsweise von seinem Gesprächspartner mit der Bemerkung unterbrochen wird, er würde ja jedes Wort auf die Goldwaage legen, könnte er schlagfertig antworten: „Schon Mark Twain hat gesagt: Der Unterschied zwischen dem richtigen und dem beinah richtigen Wort ist der gleiche wie zwischen einem Glühwürmchen und einem Blitz!“ Die spontane und überraschende Antwort gelingt ihm aber nur, wenn er eben dieses Sprichwort kennt.

Die Lektüre von Lehrbüchern über Rhetorik ist der erste Schritt zur Schlagfertigkeit. Der Leser eignet sich das Wissen über verschiedene rhetorische Techniken an.
Im nächsten Schritt sollte der Leser nun die Theorie in der Praxis erproben. Hierzu gehört:
- zum einen die rhetorischen Techniken anzuwenden,
- aber zum anderen auch, verschiedene aktuelle und historische Begebenheiten aus Politik und Gesellschaft regelrecht aufzusaugen, im Hinterkopf zu behalten und in der geeigneten Gesprächssituation mit rhetorischen Techniken zu kombinieren.

Hierzu benötigt der rhetorisch Interessierte einerseits Mut für die praktische Anwendung theoretischen Wissens und andererseits die Lust an außergewöhnlicher sprachlicher Gestaltung.

Die Zugriffsproblematik

Hat der Sprecher umfangreiches Wissen im Hinterkopf, muss ihm dieses Wissen in der entscheidenden Situation auch noch einfallen.
Bereits in der Einleitung zu diesem Buch wurde die von vielen Menschen geteilte Erfahrung beschrieben, erst nach Ende eines Gespräches zu wissen, was man alles noch hätte sagen können. Offenbar bedeutet „wissen“ nicht automatisch „anwenden“. Aber es gilt:

> Je öfter Menschen mit einem bestimmten Wissen arbeiten, umso spontaner fällt es ihnen auch in einer anderen Situation ein.

Grund dafür ist, dass im Gehirn der Weg zu dem jeweiligen Wissensbereich bereits mehrmals gegangen worden ist. Damit wird der Weg sozusagen ausgetreten und ist nun für spätere Situationen leichter zu finden. Wird der Weg lange nicht benutzt, wächst sozusagen Gras über ihn – der Mensch vergisst sein Wissen nach und nach.
Deshalb können wir auch mit Sachverhalten, die wir in jüngster Zeit mehrmals erprobt und geübt haben, besser umgehen. Das Gehirn hat sich den Ablauf gemerkt und kann die Situation mit immer weniger Fehlern meistern. Für die Rhetorik gilt also das gleiche wie für alle anderen Lebensbereiche: Übung macht den Meister!
Der ambitionierte Sprecher ist jedoch nicht nur auf die Übung in realen Situationen angewiesen, er kann sein Gehirn auch in der Fähigkeit, schnell die richtigen Wege zu finden, unterstützen. Zu diesem Zweck haben sich Assoziationsübungen als sehr hilfreich erwiesen.

Assoziationsübungen

Anders als in der realen Situation lässt der Sprecher in diesen Übungen seinen Gedanken zu einem Thema freien Lauf. Er spricht einfach alles aus, was ihm zum jeweiligen Stichwort einfällt.
Hierdurch nimmt das Gehirn nicht mehr altbewährte Wege, sondern erkundet nach Lust und Laune neue (Wissens-) Gebiete, zu denen auf der alten Karte vielleicht noch gar kein Weg verzeichnet war.
Auf diese Weise können einerseits völlig neue Wege entstehen und andererseits gewöhnt sich das Gehirn daran, nicht immer nur nach Plan vorzugehen. Damit ist eine wichtige Voraussetzung für Schlagfertigkeit geschaffen.

Übung

Tippen Sie bei geschlossenen Augen mit dem Finger auf eine aufgeschlagene Zeitung. Schauen Sie nach, auf welches Wort Sie zeigen. Sprechen Sie zu diesem Wort mindestens eine Minute!

Auf den Punkt gebracht:

Im sechsten Prozess, dem Durchsetzen, geht der Sprecher professionell mit schwierigen Gesprächspartnern um.

- Durchsetzen ohne Überzeugung währt nicht lange.

- Ein Sprecher kann inhaltlich schwierige, kontroverse Gesprächssituationen meistern, indem er nicht inhaltlich, sondern mit formalen Techniken reagiert.

- Der professionelle Sprecher kann andere geschickt unterbrechen und vermeidet es, selber unterbrochen zu werden.
  - Unterbrechungstechniken bringen einen Redner dazu, von allein mit dem Sprechen aufzuhören.
  - Techniken des Weiterredens nutzen Äußerungsformen, die entweder ein vollständiges Zuhören notwendig machen oder den Grund für eine Unterbrechung eliminieren.

- Ein Sprecher kann emotionale Angriffe abwehren oder den Grund für die Emotionalität erfragen.

- Basis von Schlagfertigkeit ist einerseits ein weiter Wissensumfang und andererseits die kognitive Fähigkeit, schnell auf Wissensinhalte zugreifen zu können.

Literatur

Gehm, T.: Kommunikation im Beruf. 3. Aufl., Weinheim, 1999

Göttert, K.-H.: Einführung in die Rhetorik. 3. Aufl., Stuttgart, 1999

Schaller, B.: Die Macht der Sprache. München, 1998

Ueding, G./Steinbrink, B.: Grundriss der Rhetorik. 3. Aufl., Stuttgart, 1994

Stichwortverzeichnis